Auch am Abend wird es licht sein

Waldemar Pisarski

Auch am Abend wird es licht sein

Die Kunst,
zu leben und zu sterben

Claudius

© akg, Berlin: S. 10, 32, 68, 90, 110
© VG Bild-Kunst, Berlin 2004: S. 162

Bibliografische Information Der Deutschen Bibliothek
Die Deutsche Bibliothek verzeichnet diese Publikation
in der Deutschen Natianalbibliografie;
detaillierte bibliografische Daten sind im Internet
über http://dnb.ddb.de abrufbar

© Claudius Verlag 2005
Birkerstraße 22, 80636 München
www.claudius.de
Das Werk einschließlich aller seiner Teile ist urheberrechtlich
geschützt. Jede Verwertung außerhalb der engen Grenzen des Urheberrechts-
gesetzes ist ohne Zustimmung des Verlags unzulässig
und strafbar. Das gilt insbesondere für Vervielfältigungen, Übersetzungen,
Mikroverfilmungen und die Einspeicherung und Verarbeitung in
elektronischen Systemen.
Umschlaggestaltung: Anne Halke, München
Foto Umschlag: Katharina Eglau/JOKER
Druck: fgb, freiburger graphische betriebe, www.fgb.de

ISBN 3-532-62320-X

Dem Andenken meines Vaters
Pfarrer Siegfried Pisarski (1915–1984)

Immer noch erzählen mir Menschen,
er habe sie getauft, konfirmiert, getraut,
habe ihre alten Eltern besucht, habe mit
ihnen gelacht und geweint. Er hat Leben
gestiftet, auch wenn ihm selbst die Kunst
zu leben zunehmend entglitten ist.

Die Kunst zu sterben?
Am Schluss lag er in einem kleinen
Klinikzimmer. Zu viel Alkohol und zu
viele Tabletten hatten ihn gezeichnet.
Die Kunst zu sterben wurde ihm
von anderen geschenkt.

Von der Stationsschwester, die sagte:
„Ich lasse Sie mit Ihrem Vater allein.
Aber wenn Sie mich brauchen, werde
ich für Sie da sein."

Von einer Schwesternschülerin, die zum
Rasieren kam und zum Nägel Schneiden,
freundlich und einfühlsam, seine Würde
nicht antastend.

Von dem Stationsarzt, der uns versicherte:
„Ich sehe, wie sehr Ihr Vater von Liebe umgeben
ist. Lassen wir doch dieses Leben ausatmen,
so wie es sich ausatmen will."

Inhalt

Einladung	11
Zur Einführung	13
1. Anders sterben – anders leben	17
1.1 Hella – Eine Mutmachgeschichte	19
1.2 Das Sterben ins Leben holen	24
1.3 Sterben können – leben können	29
2. Sterbekunst früher – Sterbekunst heute	33
2.1 Die „ars moriendi" des Mittelalters	35
2.2 Eine Sterbekunst für unsere Zeit	40
2.3 Wandlungen: Sterbeforschung, Hospizbewegung, Palliativmedizin	44
3. Ein Leben lang loslassen	53
3.1 Von Anfang an	55
3.2 Über den Fluss schauen	57
3.3 Täglich sterben	61
4. In der zweiten Lebenshälfte	69
4.1 Niedergang und Verfall?	72
4.2 Lebensaufgaben	78
4.3 Schritte zur Reife	83
5. Liebenswert und liebenswürdig	91
5.1 Das große Ja	93
5.2 Form und Übung	98
5.3 Losungen und Exerzitien	104
6. Vom Odem des Lebens	111
6.1 Das Wunder des Atems	113
6.2 Mit dem Atem beten	118
6.3 Mit dem Körper beten	127

7. Was mir gut tut 133

   7.1 Meine Schatztruhe 136
   7.2 Mich im Vertrauen üben 148
   7.3 Wenn es schwer wird 156

8. Was auf mich wartet 163

   8.1 Sich fallen lassen 165
   8.2 Hoffnungsbilder 169
   8.3 Ausgang und Eingang 178

Literaturhinweise 189

Sebastian Stoßkopf: Vanitas-Stillleben mit Büchern und Almanach (nach 1630)

Einladung

Komm,
komm mit mir,
wir wollen in den Abend gehen.

Schenk noch einmal nach,
lass die Gläser klingen,
lass uns Leben schmecken.

Dann komm,
komm mit mir,
die Sonne geht schon unter.

Komm mit mir,
auch wenn es dunkel wird,
und fürchte dich nicht,

denn auch um den Abend,
um den Abend,
wird es licht sein.

Zur Einführung

Ich stehe an einem Sterbebett. Eine Intensivstation. Vor mir ein Patient, nur mit einem Laken bedeckt. Überall Kanülen, die in seinem Körper liegen. Schläuche, die zu Geräten führen. Alles scheint verkabelt. Über dem Bett ein Monitor. Zacken, die über den Bildschirm huschen. Eine Kurve für den Herzschlag, eine andere zur Messung der Gehirnströme. Ein regelmäßiger Piepston für den Puls. Eine Anzeige für die Beatmung. Ein Pumpen, Zischen, Klacken. Ab und zu kommen Schwestern, werfen einen Blick auf die Maschinen, prüfen die Infusionsflaschen.

Eine Frau am Bett des Patienten. Ob ich mich ein bisschen zu ihr stellen dürfe? Ein kurzer Blickkontakt. *„Ja, natürlich."* Dann Schweigen. Das Beatmungsgerät gibt der Stille einen Rhythmus. Ein und aus und ein und aus. *„Ich bin die Ehefrau ... In ein paar Monaten könnten wir Goldene Hochzeit feiern."* Pause. *„Könnten, sagen Sie, wie geht es denn Ihrem Mann?"*

Sie seufzt, wiegt den Kopf. *„Nicht gut ... Aber die Ärzte haben die Hoffnung noch nicht aufgegeben ... Vielleicht kommt er durch."* Pause. *„Ich besuche ihn jeden Tag, stehe an seinem Bett, warte ... das ist alles, was ich tun kann."*

„Was meinen Sie", frage ich, *„was wünscht sich Ihr Mann jetzt? Angenommen, er könnte uns hören, was würde ihm gut tun?"* Ein fragender Blick. *„Gibt es etwas, was er mag? Ein Gebet? Einen Bibelspruch? Einen Liedvers? Irgendetwas, was ihm jetzt gut tun würde?"*

Kopfschütteln. *„Ich weiß es nicht."*

Eine gute Stunde später. Ich habe meine Stationsbesuche beendet und sitze am Schreibtisch in meinem Zimmer neben der Klinikkirche. Ein Klopfen an der Tür. Es ist die Frau, von der ich mich doch eben erst verabschiedet habe. *„Darf ich reinkommen? Ich muss noch einmal mit Ihnen sprechen."* Sie nimmt Platz, kramt in einem Einkaufsbeutel, findet schließlich das Taschentuch, mit dem sie sich über die Augen wischt. *„Ihre Frage von vorhin ... Sie geht mir nicht* *aus dem Kopf ... Ob es etwas gibt, was meinem Mann jetzt gut tun würde. Wissen Sie, wir haben nie darüber gesprochen."* Lange Pause. *„Manchmal waren wir nahe dran. Aber ... wann immer etwas davon auftauchte, Sterben, Tod, Krankenhaus, wann immer etwas davon auftauchte, wechselten wir das Thema. Es war uns zu fremd, zu unangenehm. Wir hatten einfach Angst davor."*

Zehn Jahre Seelsorger in einem Großkrankenhaus. Zehn Jahre Besuche an Sterbebetten. Und immer wieder Gespräche mit den Angehörigen. Und immer wieder diese Erfahrung: Es ist fremd, es ist unangenehm, es macht Angst darüber zu sprechen, wie es einmal sein soll. Bei mir sein soll, bei mir ganz persönlich. Wenn es denn ans Sterben geht.

Noch bedenklicher vielleicht: Anscheinend wissen die meisten gar nicht, wie es denn einmal sein soll. Das Interesse dafür mag hier und da kurz aufleuchten. Aber es wird nicht weiter verfolgt, sondern fällt wieder in sich zusammen. Ein Gespräch mit uns selbst findet an dieser Stelle nicht statt. Wir bleiben stumm. Nach innen und nach außen stumm.

Dabei steht eines fest: Es gibt keine Lebenserfahrung, auf die wir uns so lange und so sorgfältig vorbereiten können wie auf das Sterben. So vorbereiten, dass es auch um den Abend licht ist, wie der Prophet Sacharja sagt (14,7). Und das wäre eine Vorbereitung nicht nur auf das Ende unseres Lebens, sondern auf seine Mitte und seine Tiefe. Denn – Sterbenskunst ist Lebenskunst und umgekehrt.

Johann Michael Eder: Sih hier o Mensch wer du bist wie ungleich Dott und Leben ist, Hinterglasmalerei (um 1810/1820)

1. Anders sterben – anders leben

Bevor ich sterbe

Noch einmal sprechen
von der Wärme des Lebens
damit doch einige wissen:
Es ist nicht warm
aber es könnte warm sein

Bevor ich sterbe
noch einmal sprechen
von Liebe
damit doch einige sagen:
Das gab es
das muss es geben

Bevor ich sterbe
noch einmal sprechen
vom Glück und der Hoffnung auf Glück
damit doch einige fragen:
Was war das
wann kommt es wieder?

Erich Fried (1921–1988)

1.1 Hella – Eine Mutmachgeschichte

Ich erinnere mich noch gut, wie wir uns kennen lernten. Im Klinikum hatte ich Ausbildungskurse für einen Besuchsdienst angeboten. Für Menschen, die etwas von ihrer Zeit und Kraft geben wollten, um ihre kranken Mitmenschen zu besuchen. Wer sich dafür interessierte, musste einen Vorbereitungskurs mitmachen und bekam dann eine Station für die Besuche zugeteilt.

Eines Tages klingelte mein Telefon. Es war Hella. *„Ich bin Tanzpädagogin, ich habe bis vor kurzer Zeit ein Studio im Münsterland geleitet und bin eben nach München gezogen"*, sagte sie, *„ich möchte hier meinen Ruhestand verbringen. Vor allem aber möchte noch etwas Nützliches tun. Vielleicht können Sie mich in der Krankenhausseelsorge brauchen. Ich habe gehört, es gäbe da einen Besuchskreis."* Ich lud Hella in den Vorbereitungskurs ein und nach Ende der Ausbildung stellte ich sie auf einer Station als Mitarbeiterin der Klinikseelsorge vor.

Spätestens da merkte ich, welches Juwel ich kennen gelernt hatte. Eine Meisterin in der Körperarbeit, im Tanz, in der Meditation. Viele, unendlich viele Patientinnen und Patienten hat sie begleitet. Bald bat ich sie auch um ihre Mitarbeit in der Ausbildung. Für Schwestern und Pfleger, Ärzte und Seelsorger. Ihre Themen waren ganz einfach: gehen, stehen, sitzen, atmen, zur Ruhe kommen, wieder aktiv werden. All das, was wir meist so selbstverständlich nehmen. Hier, im Krankenhaus, konnte man erfahren, wie kostbar das ist. Dabei machte sie uns auf frühe Fehlformen aufmerksam, lange, ehe es zu einer körperlichen Störung kam. Im Alltag üben, an der rechten Form arbeiten, eine gute Balance zwischen Anspannung und Entspannung finden, so lauteten ihre großen Anliegen. Für mich selbst war es ein großes Privileg, bei ihr in die Schule gehen zu dürfen.

Hinfälligkeit und Reichtum

Nach ein paar Jahren meldeten sich die Beschwernisse des Alters. Vor allem eine Herzschwäche, die mehr und mehr ihr Leben bestimmen sollte. Aber auf jede Einschränkung antwortete sie mit etwas Neuem. Zwei Katzen teilten jetzt ihr Leben, Hausgenossinnen, ja mehr noch, Partnerinnen im Dasein. Als der Weg zur Klinik und die Wege in der Klinik zu anstrengend wurden, besuchte sie pflegebedürftige Patienten in ihrer Nachbarschaft. Als auch diese Besuche schwierig wurden, lud sie Menschen in ihre Wohnung ein. Kleine Gruppen, die sie unterrichtete. Bald stieß sie auch hier auf ihre Grenzen, aber für einzelne Schülerinnen und Schüler reichte es allemal noch. Sie kamen zur Körperarbeit, zur Meditation, zum Gespräch. Sie kamen und sie gingen reich beschenkt.

Je kleiner die äußere Welt wurde, desto größer und reicher gestaltete sie die innere Welt. Sie belegte Malkurse, fand daran Gefallen und arbeitete Tag für Tag an ihrer Staffelei. Dabei stellte sie sich selbst Aufgaben und erschloss sich immer neue Themen und Motive. Lange Zeit malte sie Landschaften, dann malte sie Gesichter und schließlich Tiere.

Etwa zehn Jahre vor ihrem Tod bat mich Hella in aller Form um ein Gespräch. Ich möge sie doch, das war ihr Anliegen, wenn es denn soweit wäre, auf ihrem letzten Weg begleiten und beerdigen. Sie habe sich schon alles zurechtgelegt. Habe die Musik ausgesucht, habe mit dem städtischen Bestattungsamt gesprochen und auch sonst alles ausgewählt und vorbereitet. Selbst ein Bibelwort habe sie für diese Stunde gefunden. Ein Wort aus dem 31. Psalm: *„Du, Gott, hast meine Klage in einen Reigen verwandelt."*

In den letzten Lebensjahren litt Hella mehr und mehr unter der Hinfälligkeit ihres Körpers. Schwindelanfälle machten ihr zu schaffen. Ihre Beine schmerzten. Ein Brenngefühl füllte den Unterkörper aus. *„Mein persönliches Fegefeuer"* nannte sie es manchmal. Das Leben wurde ihr zur Last. Dennoch war es immer wieder überwältigend, welche

Achtsamkeit aus diesem lastvollen Leben wachsen konnte, welche Wachheit und Lebendigkeit.

Wenn ich zum Telefonhörer griff, wusste ich, wie unser Gespräch verlaufen würde. Sie würde mir erzählen, wie beschwerlich alles für sie geworden sei. Und sie würde hinzufügen, dass dieses Leben, wenn es nach ihr ginge, gerne zu Ende gehen dürfe. Und dann würde sie mir von dem Buch erzählen, das sie gerade las, von dem Autor, mit dem sie sich auseinander setzte und von dem Problem, das sie dabei beschäftigte.

Rückblicke

Ansonsten blickten wir in diesen letzten Jahren oft zurück. Vieles von ihrer Ausstrahlung, so ihre eigenen Worte, sei dem Leben abgerungen worden. Krisenerfahrungen hätte es gegeben von Kindheit an. Mitten im zweiten Weltkrieg wurde sie mit ihren zwei kleinen Kindern aus Berlin evakuiert und fand eine Bleibe im Süden Deutschlands. Ihr Mann starb in der Wehrmachtsoffensive vor Moskau. Es folgten Jahre der Sorge um das Überleben.

Später nahm sich der jüngere Sohn das Leben. Ein Sterben, gewaltsam und weit, weit vor der Zeit. Ohnmacht und Verzweiflung füllten sie aus. In der Meditation hat sie sich immer wieder mit diesem Sterben auseinander gesetzt. Sie sei darüber zur Mystikerin geworden, sagte sie einmal und meinte wohl damit, dass Heilung und Sinn nicht so sehr von außen, sondern vor allem von innen kommen müssten. Damals, in der Trauer um den Sohn, hatte sie ein Erlebnis, das sie so beschrieb: *„Mich umgab ein warmes, mildes, wunderbares Gold. Das Gold war um mich herum, es drang in mich ein, es erfüllte mich, sodass es kein Innen und kein Außen mehr gab. Ich befand mich in einem unendlich milden, goldenen Leuchten. Dann vernahm ich Worte in mir und diese Worte wiederholten sich immer wieder: ‚Es dauert nicht mehr lange. Nun ist alles Leid, alles Unglück zu Ende. Und die Freude wird unaufhörlich sein.'"*

Dem Leben abgerungen. Das galt auch für ihre große Leidenschaft, das Tanzen. Als wir über ihre Beerdigung sprachen, fragte ich sie, wie sie einmal in Erinnerung sein möchte. *„Sie hat viel getanzt"*, war ihre Antwort. Freilich, auch dieses Tanzen, das so leicht und so mühelos aussah, war dem Leben abgerungen. Mit viel Übung und Disziplin und durch viele Schmerzen hindurch.

Woher nahm Hella die Kraft für dieses Leben? Sie nannte zwei Anstöße. Beide habe sie von ihrer Mutter erhalten. Einmal ein Kindergebet. Verse, die ihre Mutter immer wieder mit ihr gebetet habe: *„Gott, der du bist Kraft, Schönheit und Güte, erfülle mich! Lasse mich aufrecht wandeln in deinem goldenen Licht und vertrauend in dir ruhen."* Der zweite Anstoß war ein Hinführen zur Stille. Und das begann ziemlich prosaisch. *„Hella"*, habe die Mutter eines Tages zu dem sechsjährigen Mädchen gesagt, *„du musst in der Mittagspause meditieren!"* Frage: *„Was ist meditieren?"* Antwort: *„Meditieren heißt nicht denken!"* Weil das so faszinierend klang und gleichzeitig so ungeheuer schwer schien, meditierte sie in den ersten Jahren die Worte des Vaterunsers, die ihr vertraut waren. So begann ein langer, langer Erfahrungsweg.

Verwandelt

Immer wieder erzählte Hellas von ihrer Religiosität. Sie war von einer großen Weite und einer großen Tiefe erfüllt. Da war die christlich-mystische Tradition, aber gleich daneben auch die Gänseblümchenmeditation, das Staunenkönnen über die kleinen Wunder des Lebens. Und immer wieder die drei Achtsamkeitspunkte unseres Menschseins: Nach unten, zu unserer Mutter Erde hin, wollen wir verwurzelt und gegründet sein. Nach oben, zum Himmel hin, geöffnet und zwischen oben und unten, zwischen Himmel und Erde, fließend und frei. Auf diese Weise hat sie immer wieder Bibeltexte erschlossen. Auf diese Weise hat sie Übungen angeleitet und begleitet. Auf diese Weise hat sie Liturgie verleiblicht. Auf diese Weise hat sie Menschen gelehrt, mit dem

Körper zu beten. Schlicht und in einer großen Bescheidenheit, aber auch mit einem unbestechlichen Urteil darüber, was stimmte und was nicht.

In den letzten beiden Jahren wuchs Hellas Sehnsucht nach dem Tod. Mehr und mehr bezeichnete sie ihr Leben als „*Gefängnis*". Ihre äußere Hülle wollte sie nur noch „*verwalten*" und dabei immer mehr auf das Wesentliche lauschen. Eine wichtige Entdeckung war dabei, den Tod als Wandlung sehen zu können und nicht mehr nur als Vergänglichkeit. Das Wesen der Erde, das Wesen allen Lebens sei Wandlung. Auch hier die Erinnerung an das Bibelwort: „*Du hast meine Klage in einen Reigen verwandelt!*" In den Bildern, die sie malte, tauchten jetzt vor allem Engel auf. Immer wieder und immer wieder neu malte sie „*ihren*" Engel.

Ein paar Monat vor ihrem Tod rief Hella mich an und erzählte mir von einem Traum. Darin seien ihr Zweifeln und Fragen, ihr Finden, Verlieren und Weitersuchen zu einem Abschluss gekommen. Sie hätte lediglich ein Wort geträumt, das hebräische Wort „*elohim*" – der Ewige. Dieses Wort sei tief in ihr gewesen und mit einem wunderbaren Ruhegefühl verbunden. Wie eine persönliche Auferstehung habe sie es erlebt.

Kurz vor ihrem 88. Geburtstag starb Hella. Sie starb in den Armen ihrer Familie. „*Mich umgab ein warmes, mildes, wunderbares Gold. Das Gold war um mich herum, es drang in mich ein, es erfüllte mich, sodass es kein Innen und kein Außen mehr gab. Ich befand mich in einem unendlich milden, goldenen Leuchten. Dann vernahm ich Worte in mir, und diese Worte wiederholten sich immer wieder: ‚Es dauert nicht mehr lange. Nun ist alles Leid, alles Unglück zu Ende. Und die Freude wird unaufhörlich sein.'*" Für mich ist es ein schöner Gedanke, dass sie es so ähnlich erlebt haben könnte. Durch alles Leid und alle Schmerzen hindurch zu einer unendlichen Freude.

„*Du, Gott, hast meine Klage in einen Reigen verwandelt…*" Das Bild, das über ihrer Trauerfeier stand, haben wir, ihre Freundinnen und Freunde, ganz umfassend verstanden. Nicht nur die Klage, alles hat der „Elohim" Hella in einen Reigen verwandeln lassen, in eine Bewegung, in eine Gebärde, in eine Geste, in eine Körperhaltung. Alles, auch ihr Suchen, ihr Leid, ihr Mitgefühl, ihren Widerstand. Alles eine Bewegung. Alles ein Reigen.

1.2 Das Sterben ins Leben holen

Wie sehr sich die Dinge gewandelt haben! Vor hundert Jahren betrug die durchschnittliche Lebenserwartung eines Menschen etwa fünfunddreißig Jahre. Heute geht sie auf die achtzig Jahre zu. Damals starben die meisten Menschen zu Hause, im Kreise der Familie. Die Angehörigen erlebten das Sterben mit. Sie *mussten* es miterleben. Wochenlang, monatelang.

Der nahe Tod

Die folgende Tabelle zeigt, welche Chance ein Mensch gegen Ende des 18. Jahrhunderts hatte, erwachsen zu werden, und wie seine Lebensaussichten waren: Von 100 Menschen, die im Jahre 1796 geboren wurden, starben

50 vor dem 10. Lebensjahr,
20 zwischen dem 10. und 20. Lebensjahr,
10 zwischen dem 20. und 30. Lebensjahr,
6 zwischen dem 30. und 40. Lebensjahr,
5 zwischen dem 40. und 50. Lebensjahr,
3 zwischen dem 50. und 60. Lebensjahr,
6 nach dem 60. Lebensjahr!

Tod und Sterben waren nahe, waren erfahrbar. Tote waren für alle ein alltäglicher Anblick und damit war für die Lebenden auch die Auseinandersetzung mit dem Tod eine tägliche Herausforderung. Ein Auszug aus einer Familienchronik veranschaulicht das:

Als Frau Arnaud fünfzehn Jahre alt war, wurde ihr erstes Kind geboren, das fünf Tage lebte. Danach bekam sie jedes Jahr ein Kind: Robert, Catherine, Jacqueline, Anne, Jeanne, ein totgeborenes Töchterchen, Antoine, der drei Jahre alt wurde, Simon, der nicht lange lebte, Henry, ein Söhnchen, das jugendlich starb, Marie, Madelaine, die nach einigen Jahren starb, und Simon. 1603 hatte Frau Arnaud während einer Zeit von fünfzehn Jahren vierzehn Kinder geboren, acht blieben leben. Sie war damals 30 Jahre alt. Danach kamen die Kinder in längeren Zwischenpausen. Zunächst Zwillinge, die im Kindesalter starben, dann noch drei Kinder, von denen eines leben blieb. Das letzte Kind brachte ihren eigenen Tod. Da war sie neununddreißig Jahre alt. In vierundzwanzig Jahren hatte sie neunzehn Kinder geboren, von denen zehn als Kinder starben. (Wiesenhütter)

Vielleicht ein extremes Beispiel. Dennoch, die Beobachtung bleibt wohl für viele Familien zutreffend: „*Man sieht, die Pforte des Todes wurde für jedes Kind von seinem Brüderchen oder Schwesterchen offengehalten – und von seiner Mutter. Erreichte das Kind die Erwachsenheit, heiratete es, dann waren es die eigenen Kinder, die dafür sorgten, dass die Türe nicht zuschlug. Der Tod war ringsum anwesend und sichtbar.*"

Wie gingen die Menschen mit dieser Erfahrung um? Die folgenden Strophen lassen etwas davon nachempfinden. Sie gehören zu einem Kirchenlied, das gegen Ende des 17. Jahrhunderts verfasst wurde:

Wer weiß, wie nahe mir mein Ende!/Hin geht die Zeit, her kommt der Tod;/ach wie geschwinde und behände/ kann kommen meine Todesnot./Mein Gott, mein Gott, ich bitt durch Christi Blut:/mach's nur mit meinem Ende gut.

Es kann vor Nacht leicht anders werden,/als es am frü-

hen Morgen war;/solang ich leb auf dieser Erden,/leb ich in steter Todsgefahr./Mein Gott, mein Gott, ich bitt durch Christi Blut:/mach's nur mit meinem Ende gut.

Herr, lehr mich stets mein Ende bedenken/und, wenn ich einstens sterben muss,/die Seel in Jesu Blut versenken/ und ja nicht sparen meine Buß./Mein Gott, mein Gott, ich bitt durch Christi Blut:/mach's nur mit meinem Ende gut.

Lass mich beizeit mein Haus bestellen,/dass ich bereit sei für und für/und sage frisch in allen Fällen:/Herr, wie du willst, so schick's mit mir!/Mein Gott, mein Gott, ich bitt durch Christi Blut:/mach's nur mit meinem Ende gut.

Bezeichnend die Anfänge der einzelnen Strophen. Sie spiegeln das Lebensgefühl angesichts eines ringsum anwesenden Todes wider und sagen etwas von der Angst, aber auch von der Sehnsucht im Angesicht dieses Sterbens. Wer weiß, wie nahe mir mein Ende – ja, niemand kann das wissen. Es kann vor Nacht leicht anders werden – ja, so kann man es täglich erleben. Herr, lehr mich stets mein Ende bedenken – ja, dieses Ende soll mich nicht unvorbereitet treffen. Lass mich beizeit mein Haus bestellen – ja, was zu besprechen und zu bedenken und zu regeln ist, soll geschehen sein.

„Wie ein Baum, den man fällt ..."

Wie sehr sich die Dinge gewandelt haben! Heute sterben die meisten Menschen im Krankenhaus oder im Seniorenheim bzw. auf der Pflegestation. Gestorben wird unter Neonlicht und hinter weißen Klinikwänden. Oft genug anonym, steril und isoliert. Die meisten Menschen sind in der Lebensmitte oder bereits in der zweiten Lebenshälfte, ehe sie eine Leiche zu Gesicht bekommen. Die Begegnungsmöglichkeiten mit dem Tod sind weit, weit weg. Wer will, kann diesen Möglichkeiten ein Leben lang ausweichen.

In den späten 70er Jahren hat Reinhard Mey ein Chanson geschrieben, das viel von diesen Erfahrungen wiedergibt: *„Wie ein Baum, den man fällt":*

Wenn's wirklich gar nicht anders geht,/wenn mein Schrein schon beim Schreiner steht,/wenn der so hastig daran sägt,/als käm's auf eine Stunde an,/wenn jeder Vorwand, jede List,/ihm zu entgehn vergebens ist,/wenn ich, wie ich's auch dreh' und bieg, den eig'nen Tod nicht schwänzen kann,/sich meine Blätter herbstlich färben,/ wenn's also wirklich angehn muss,/hätt' ich noch einen Wunsch zum Schluss:/Ich möcht' im Stehen sterben./Wie ein Baum, den man fällt, eine Ähre im Feld, möcht' ich im Stehen sterben.

Wenn ich das Haus verlassen soll, fürcht' ich, geht das nicht würdevoll,/ich habe viel zu gern gelebt,/um demutsvoll bereit zu steh'n,/Die Gnade, die ich mir erbitt',/ ich würd' gern jenen letzten Schritt,/wenn ich ihn nun mal gehen muss,/auf meinen eignen Füßen geh'n,/eh Gut und Böse um mich werben,/eh noch der große Streit ausbricht,/ob Fegefeuer oder nicht,/möchte ich im Stehen sterben./Wie ein Baum, den man fällt, eine Ähre im Feld, möcht' ich im Stehen sterben.

Ohne zu ahnen, welche Frist/mir heute noch gegeben ist,/das Flüstern wohlvertrauter Stimmen vor der Zimmertür,/ohne zu ahnen, was man raunt,/zum Schluss nur unendlich erstaunt,/weil ich Freund Hein wie einen eis'gen Luftzug um mich wehen spür./Zum Abgang jenen herben, der mir so unsagbar schwer fällt,/hab' ich den leichtesten gewählt:/Ich möcht' im Stehen sterben./ Wie ein Baum, den man fällt, eine Ähre im Feld, möcht' ich im Stehen sterben.

Reizvoll ist der Kontrast in der Aussage. Beim ersten Lied aus dem 17. Jahrhundert ist es ein Leben in ständiger Todesgefahr. Die große Angst besteht darin, plötzlich und unvorbereitet zu sterben. Der große Wunsch lautet, das Haus bestellen zu können, die große Bitte heißt, das Ende zu kennen.

Bei Reinhard Mey kommt das Sterben dann ins Bewusstsein, wenn es partout nicht anders geht, wenn es denn wirklich sein muss, wenn alles Drehen und Wenden nichts mehr nützt. Die große Angst besteht darin, die verbleibende Frist zu kennen, die große Bitte – auffallend immer wieder die Anklänge an eine Gebetssprache! – darin, wie ein Baum gefällt, wie eine Ähre geknickt zu werden.

Die Herausforderung

Dabei darf man nicht verallgemeinern. Es ist nicht so, dass Menschen dem Sterben früher immer offen gegenüber standen. *„Ermutige dein Herz, das Lebensende zu vergessen"*, schreibt vor 2000 Jahren ein Mann in Ägypten auf ein Stück Papyrus, *„und lass es an das denken, was dir nützlich ist."* Auch dieser Ton geht durch die Menschheitsgeschichte. Manchmal tritt er in den Hintergrund, aber dann wird er auf einmal wieder ganz laut und vernehmlich. Etwa in der griechischen Philosophie, vor allem in der Stoa. *„Der Tod ist für uns ein Nichts"*, lehrt Epikur, *„denn solange wir leben, ist er nicht da, und wenn er da ist, sind wir nicht mehr."*

Oberflächlich sei unsere Zeit, lese ich immer wieder, ichbezogen und vergnügungssüchtig. Und natürlich würde der Tod von ihr gründlich verdrängt. *„Der Tod ist gar nichts; nur der Gedanke daran ist traurig. Denken wir also nie daran und leben in den Tag hinein! Morgens beim Aufstehen sei unsere einzige Sorge: Was machen wir heute, um gesund zu bleiben und um uns zu amüsieren."* Dieses Wort gehört allerdings nicht zu der angeblich so schlimmen Gegenwart. Es kommt aus der Mitte des 18. Jahrhunderts und stammt von Voltaire, einem der großen Aufklärer der europäischen Geistesgeschichte.

Durch die Zeiten hindurch dominiert wohl einmal mehr

das eine, ein andermal mehr das andere. Einmal mehr das Todesbewusstsein und ein andermal mehr die Todesverdrängung. Und ein drittes Mal mischen sich beide und treten gleichzeitig auf. Jede Zeit bleibt aufgerufen, ihre Antwort auf Tod und Sterben zu finden, auf diese Grundbedingung unserer Existenz. Und jeder Mensch bleibt aufgerufen und herausgefordert, seine Antwort zu finden.

1.3 Sterben können – leben können

Rainer Maria Rilke erzählt ein Märchen. Er gibt ihm den alten Titel *„Memento mori"*, „Gedenke des Todes", oder auch „Bedenke, dass du sterben musst." *„Memento mori"* hieß im 11. Jahrhundert im Anklang an den 90. Psalm ein Gedicht, das in der Umgebung des burgundischen Reformklosters Cluny verfasst wurde. Es hat eine wahre Memento-mori-Bewegung ausgelöst mit Memento-mori-Predigten, Memento-mori-Bildern, Memento-mori-Briefen. Jetzt also ein Memento-mori-Märchen:

Es waren zwei Menschen, ein Mann und ein Weib und sie hatten einander lieb. Liebhaben, das heißt, nichts annehmen, von nirgends, alles vergessen und von einem Menschen alles empfangen wollen, das, was man schon besaß, und alles andere. So wünschten es sich die beiden Menschen gegenseitig. Aber in der Zeit, im Tage, unter den vielen, wo alles kommt und geht, oft ehe man eine wirkliche Beziehung dazu gewinnt, lässt sich ein solches Liebhaben gar nicht durchführen. Die Ereignisse kommen von allen Seiten und der Zufall öffnet ihnen jede Tür. Deshalb beschlossen die beiden Menschen, aus der Zeit und dem Alltag in die Einsamkeit zu gehen, weit fort vom Uhrenschlagen und von den Geräuschen der Stadt. Und dort erbauten sie sich in einem Garten ein Haus. Und das Haus hatte zwei Tore, eines an seiner rechten, eines an seiner linken Seite. Und das rechte Tor war des

Mannes Tor und alles Seine sollte durch dasselbe in das Haus einziehen. Das linke aber war das Tor des Weibes und was ihres Sinnes war, sollte durch seinen Bogen eintreten, So geschah es. Wer zuerst erwachte am Morgen, stieg hinab und tat sein Tor auf. Und dann kam dann bis spät in die Nacht gar manches herein, wenn auch das Haus nicht am Rande des Weges lag.
Zu denen, die zu empfangen verstehen, kommt die Landschaft ins Haus und das Licht und ein Wind mit seinem Duft auf den Schultern und vieles andere mehr. Aber auch Vergangenheit, Gestalten, Schicksale traten durch die beiden Tore ein und allen wurde die gleiche, schlichte Gastlichkeit zuteil, sodass sie meinten, schon seit immer in dem Heidehaus gewohnt zu haben. So ging es eine lange Zeit fort und die beiden Menschen waren sehr glücklich dabei. Das linke Tor war etwas häufiger geöffnet, aber durch das rechte traten buntere Gäste ein.
Vor diesem wartete auch eines Morgens – der Tod. Der Mann schlug seine Türe eilends zu, als er ihn bemerkte, und hielt sie den ganzen Tag fest verschlossen. Nach einiger Zeit tauchte der Tod vor dem linken Eingang auf. Zitternd warf das Weib die Tür zu und schob den breiten Riegel vor. Sie sprachen nicht miteinander über dieses Ereignis, aber sie öffneten seltener die Tore und suchten mit dem auszukommen, was im Hause war.
Da lebten sie nun freilich viel ärmer als vorher. Ihre Vorräte wurden knapp und es stellten sich Sorgen ein. Sie begannen beide schlecht zu schlafen und in einer solchen wachen, langen Nacht vernahmen sie plötzlich zugleich ein seltsames, schlürfendes und pochendes Geräusch. Es war hinter der Wand des Hauses, gleich weit entfernt von den beiden Toren, und klang, als ob jemand begänne, Steine auszubrechen, um ein neues Tor mitten in die Mauer zu bauen. Die beiden Menschen taten in ihrem Schrecken dennoch, als ob sie nichts Besonderes vernähmen. Sie begannen zu sprechen, lachten unnatürlich laut und als sie müde wurden, war das Wühlen in der Wand

verstummt. Seitdem blieben die beiden Tore ganz geschlossen. Die Menschen lebten wie Gefangene. Beide sind kränklich geworden und haben seltsame Einbildungen. Das Geräusch wiederholt sich von Zeit zu Zeit. Dann lachen sie mit ihren Lippen, währen ihre Herzen fast sterben vor Angst. Und sie wissen beide, dass das Graben immer lauter und deutlicher wird, und müssen immer lauter sprechen und lachen mit ihren matten Stimmen ...

Die Frage ist: Tut es uns gut, wenn wir einer Erfahrung ausweichen, die ganz wesentlich zum Leben gehört? Tut es uns gut, wenn wir den Tod aussperren? Oder werden wir dadurch nicht ärmer, wie es das Märchen andeutet? Unsere Lebensvorräte werden knapp und Sorgen stellen sich ein. Wir müssen dann reden, viel reden, und lachen, unnatürlich laut lachen, um das Geräusch zu übertönen, das uns an unsere Endlichkeit erinnert.

Anders herum gesagt: Wir werden reicher, tiefer, herzlicher, wenn wir uns auf den Tod einlassen. In der Sprache des Märchens: Nichts muss draußen bleiben. Allem werden wir die gleiche selbstverständliche Gastfreundschaft entgegenbringen, den Landschaften, dem Licht, dem Wind mit seinem Duft, der Vergangenheit. Alles wird willkommen sein, alle möglichen Gestalten und Schicksale. Sterben können und leben können gehören zusammen. Das eine spiegelt sich in dem anderen. Sterben ist die andere Seite des Lebens und beide Seiten zusammen machen erst unser Sein aus.

Arnold Böcklin: Die Pest (1898)

2. Sterbekunst früher – Sterbekunst heute

Komm, großer schwarzer Vogel

Komm, großer schwarzer Vogel, komm jetzt!
Schau, das Fenster ist weit offen,
schau, ich hab' Dir Zucker auf's
Fensterbrett g'straht.

Komm, großer schwarzer Vogel, komm zu mir!
Spann' Deine weiten, sanften Flügel aus
und leg' s' auf meine Fieberaugen!
Bitte, hol' mich weg von da!

Und dann fliegen wir rauf,
mitten in' Himmel rein,
in a neue Zeit, in a neue Welt,
und ich werd' singen, ich werd' lachen,
ich werd' „das gibt's net" schrei'n,
weil ich werd' auf einmal kapieren,
worum sich alles dreht.

…

Ja, großer schwarzer Vogel, endlich!
Ich hab' Dich gar nicht reinkommen g'hört,
wie lautlos Du fliegst,
mein Gott, wie schön Du bist!
Auf geht's, großer schwarzer Vogel, auf geht's!
Baba, ihr meine Lieben daham!
Du, mein Mädel, und du, Mama, baba!
Bitte, vergesst's mich nicht!

Auf geht's, mitten in den Himmel eine,
nicht traurig sein, na, na, na,
ist kein Grund zum Traurigsein!
Weil ich werd' singen, ich werd' lachen,
ich werd' „das gibt's net" schrei'n.
Ich werd' endlich kapieren,
ich werd' glücklich sein!…

Ludwig Hirsch (geb. 1946)

2.1 Die „ars moriendi" des Mittelalters

Europa im 14. und 15. Jahrhundert. Naturkatastrophen suchen den Kontinent heim. Insektenschwärme fressen die Felder leer. Hochwasser überschwemmen das Land. Kälteeinbrüche führen zu Missernten und in der Folge zu Hungersnöten. Doch damit nicht genug. Immer wieder brechen Seuchen aus, vor allem die Pest.

In vier großen Wellen greift der „schwarze Tod" nach den Menschen und fegt ganze Landstriche leer. Um die Mitte des 14. Jahrhunderts ist in Mitteleuropa die gesamte Bevölkerung betroffen. *„Im Jahr 1349 war das größte Sterben, das je gewesen"*, heißt es bei Jakob Twinger, einem Chronisten jenes Jahrhunderts, *„es ging von einem Ende der Welt bis zum anderen..."*

Memento mori

In der Bevölkerung breiten sich Furcht und Panik aus. Ein Viertel der insgesamt 100 Millionen Bewohner Europas stirbt innerhalb weniger Jahre. Um 1450 liegt die durchschnittliche Lebenserwartung unter 33 Jahren. Weltuntergangsängste ergreifen die Menschen. Der Ruf nach dem *„Memento mori"* hallt durch die Zeit. Überall das Gefühl von Sterben, von Hinfälligkeit und Vergänglichkeit. Der verfaulende und halb verfallene Leichnam beherrscht die Todesdarstellungen.

Vor nicht allzu langer Zeit noch, kaum hundert Jahre ist das her, waren die Städte aufgeblüht. Die neue Geldwirtschaft trug nicht unerheblich dazu bei. Ein Bürgertum war entstanden. Kleine Betriebe, Handwerker und Kaufleute, hatten für einen gewissen Wohlstand gesorgt. Musik und Tanz erfüllten die Straßen. Überall entstanden Badestuben, Orte der Lust und des Vergnügens; sie gehörten sehr bald zum städtischen Erscheinungsbild. Aber auch auf dem Land besserten sich die Verhältnisse. Die Bauern brachten ihre Erzeugnisse in die Städte und konnten einen guten Preis dafür erzielen.

Jetzt aber darben die Menschen. Die Unterschiede zwischen Arm und Reich werden immer größer und sorgen schnell für Spannungen. Ein vagabundierendes Proletariat entsteht. Auf dem Land sinkt die Nachfrage, die Erträge fallen, die Bevölkerung verarmt. Die ersten Bauernunruhen brechen aus.

Die Autorität der bisherigen Ordnungsmächte, Kaisertum und Papsttum, bröckelt. Im Jahr 1453 hatten die Türken Konstantinopel erobert. Es war wie die Schrift an der Wand, die ein neues Zeitalter ankündigt. Die Päpste sind Gefangene des französischen Königs in Avignon. Von 1309 bis 1377 dauert diese Babylonische Gefangenschaft. Aber der Tiefpunkt sollte erst noch kommen. Denn nach diesen Exiljahren kommt es zur Spaltung. Ein Papst residiert in Rom, ein zweiter in Avignon. Beide beanspruchen, Stellvertreter Christi zu sein, und exkommunizieren sich gegenseitig.

Im niederen Klerus herrschen weithin desolate Zustände. Ebenso in den Klöstern. Unzucht und Bestechlichkeit sind an der Tagesordnung. Die zeitgenössische Literatur macht sich über die Mönche lustig und zeichnet sie als den Inbegriff von Dummheit und Niedertracht.

Das kirchliche Leben verflacht. Endlos malen die Predigten das Grauen des Todes vor Augen und schüren die Angst vor der ewigen Verdammnis. Eine große religiöse Unrast greift um sich. Die Angst, das ewige Heil zu verlieren, treibt die Menschen um. Überall gärt es, bebt es, fiebert es. Wie kann ich mir Verdienste erwerben? Das war die große Frage. Immer neue Messen werden gestiftet, immer neue Heiligenreliquien gesammelt, immer neue Kirchen und Kapellen werden gebaut. Eine Massenanhäufung an so genannten guten Werken.

Viele fliehen in einen religiösen Fanatismus. Die Flagellanten („*Geißler*") kasteien sich blutig und hoffen, Gott so gnädig zu stimmen. Die Peitschenhiebe, die sie sich selbst zufügen oder mit denen sie sich gegenseitig martern, sollen die Sünden abbüßen. Eines der Geißlerlieder singt davon: „*Nu recket auf die euern Hände, das Gott dass große Sterben wende; nu recket auf die euern Arme, dass sich Gott über uns erbarme ... nu schlaget euch sehre um Christes Ehre! Um Gott, so lasset die Hoffart fahren, so wöll sich Gott über uns erbarmen."* Der Gedanke an den Tod ist allgegenwärtig.

Ein Ausdruck dieses Lebensgefühls ist der Totentanz, ein Rundtanz, bei dem die Vertreter der unterschiedlichen Stände mitmachen. Vom Papst und Kaiser bis zum Bauern und Bettler, von den höchsten kirchlichen und weltlichen Würdenträgern bis zum einfachsten Mann. Alle tanzen mit den Toten und schließlich mit dem Tod selbst. Der Tod, als Skelett dargestellt, ist der große Gleichmacher.

Totentänze finden sich zunächst als Mauerfresken in Kapellen, Kirchhöfen und Beinhäusern. Zunehmend aber auch als Holzschnitte, unter denen dann Textstrophen die einzelnen Szenen erläutern. Es sind Bilderpredigten, drastische Hinweise darauf, wie vergänglich alles Leben ist. Zur Buße wollen sie bewegen. Buße im Angesicht des massenhaften und jäh hereinbrechenden Sterbens.

Ars moriendi

In dieser so unruhigen Zeit entsteht eine religiöse Volksliteratur, die sich bald weit auffächert. Fromme Traktate gehören dazu, Gebete, Litaneien und Lieder. Innerhalb dieses Schrifttums entsteht eine eigene Literaturgattung, die *„ars moriendi"*. Sie umfasst Texte zur Sterbekunst, die den Menschen auf einen guten und heilsamen Tod vorbereiten wollen. Ursprünglich auf Latein abgefasst und für den Priester bestimmt, werden sie bald ins Deutsche übersetzt und verbreiten sich danach sehr schnell. Seelsorgerliche Handreichungen könnte man sie nennen, Handreichungen für Menschen, die Sterbende begleiten. Ganz gezielte Hilfen und Anweisungen.

Zur Veranschaulichung sei auf eine Schrift verwiesen, die der Straßburger Prediger Johannes Geiler von Kaysersberg im Jahr 1482 herausgebracht hat: *„Wie man sich halten sol bei einem sterbenden menschen"*. Ein Buch, das klar gegliedert ist. Eine Abfolge von Ermahnungen, Fragen, Gebeten und Anweisungen. Es beginnt mit vier Ermahnungen. Der oder die Sterbende wird dabei als *„Lieber Freund"*, *„Liebe Freundin"* angeredet:

Wir sind alle in Gottes Hand, so die erste Ermahnung. Der Mensch hat hier keine Heimat. Sein Ziel besteht darin, durch ein gottgefälliges Leben die Herrlichkeit des Paradieses zu erlangen.

Der oder die Sterbende soll Gott dankbar sein für all das Gute, das er, sie empfangen hat, so die zweite Ermahnung. Er oder sie soll der Barmherzigkeit Gottes vertrauen und um Vergebung für seine, ihre Sünden bitten.

Wer sein Sterben willig und in Geduld erträgt, so die dritte Ermahnung, dem erlässt Gott die Strafe und Pein, die ihm sonst im Purgatorium noch bevorstehen. Er wird ins Paradies aufgenommen werden.

In dieser letzten Stunde, so schließlich die letzte Ermahnung, soll der Sterbende alles ausschließlich im Blick auf das ewige Seelenheil betrachten, soll alle anderen Sorgen hintan stellen und sich ganz und gar Gott anvertrauen

Nach den Ermahnungen folgen die Fragen, die dem Sterbenden zu stellen sind. Sie zielen auf den Glauben und den Lebenswandel. Sie fragen nach Todsünden, die bisher ungebeichtet geblieben sind, wollen wissen, ob es die Bitte um Vergebung gibt, und mahnen schließlich Besserung an, falls der Sterbende wieder gesund werden sollte.

Danach folgen kurze Gebete zu Gott, dem Vater, zu Jesus, zur Gottesmutter, zu den heiligen Engeln, besonders zum Schutzengel des Sterbenden und zu den Heiligen, die er während seines Lebens verehrt hat.

Die *„ars moriendi"* schließt mit Anweisungen an den *„amicus"*, den Sterbebegleiter. Er soll dafür sorgen, dass der Sterbende die Sakramente empfängt, soll ihm erbauliche Geschichten erzählen, soll tröstende Gebete sprechen und soll ihm das Kruzifix oder auch ein Heiligenbild zur Betrachtung zeigen. Alles zielt darauf ab, in der Sterbestunde das ewige Leben zu erlangen.

Bilder-ars

Gegen Ende des Mittelalters werden die Traktate zur Sterbekunst mit Bildern versehen. Das Thema soll auch den „*laici*" nahe gebracht werden, all denen, die des Lesens unkundig sind. Für diese Weiterentwicklung hat sich der Name „*Bilder-ars*" eingeprägt. Das Anliegen bleibt dasselbe wie bei der „*ars moriendi*", ist es doch der Grundimpuls aller Sterbeschriften dieser Zeit, die Rettung der Seele für das ewige Heil. Der Unterschied liegt einfach darin, dass jetzt Kupferstiche oder Holzschnitte den Text illustrieren und ihm so eine besondere Eindringlichkeit verleihen.

Auch die „*Bilder-ars*" weist eine klare Gliederung auf. Im Mittelpunkt befindet sich immer der Sterbende auf seinem Lager. In einer Folge von fünf Bildpaaren ringen Himmel und Hölle um seine Seele. Auf der einen Seite sehen wir teuflische Gestalten, die das Bett umschleichen und ihm auf Spruchbändern fünf Versuchungen („*temptationes*") entgegen halten, auf der anderen Seite Engel und Heilige mit aufrichtenden Ermahnungen („*inspirationes*"). So stehen sich zunächst Glaubenszweifel und Glauben gegenüber, dann Verzweiflung und Hoffnung, dann Ungeduld und Geduld, dann Selbstüberheblichkeit und Demut und schließlich, fünftens, Habsucht und Geiz und die Aufforderung zum Verzicht.

Zum Abschluss ein tröstliches Bild. Die Todesstunde. Die Dämonen fliehen, die Teufel stürzen ohnmächtig zu Boden. Ein Engel reicht dem Sterbenden die Sterbekerze und die Seele verlässt in Gestalt eines Kindes den Körper und wird im Himmel von Engeln empfangen.

Im Lauf der Jahre mischen sich die „*ars moriendi*"-Literatur und die „*Bilder-ars*" mit anderen Trost- und Erbauungsschriften. Dazu kommen liturgische Texte und Gebetssammlungen. Was dabei entsteht – eine ganz wichtige Entwicklung! –, sind nicht mehr nur Sterbebücher, es sind auch Lebensbücher. Sie richten sich an all die, die sich beizeiten auf das Sterben vorbereiten wollen. Die „*ars moriendi*" wird zu einer „*ars vivendi*". Sterbekunst und Lebenskunst, die beiden gehören zusammen. Die eine ist ohne die andere nicht mehr vorstellbar.

2.2 Eine Sterbekunst für unsere Zeit

Es gibt heute keine Entsprechung für das, was das Mittelalter die *„Kunst des Sterbens"* nannte. Dort, wo das Mittelalter eine reiche Kultur entwickelt hat, herrscht heute eine große Verlegenheit. Wo das Mittelalter eine Fülle von Traditionen erarbeitet hat, herrscht heute das große Schweigen. Wo das Mittelalter ein letztes Mal im Leben eines Menschen die Frage nach Sinn und Erfüllung und Ganzheit gestellt hat, herrscht heute das große Verstummen. Eine große Leere ist an die Stelle der *„ars moriendi"* getreten.

Keine Aufspaltungen

Dennoch, wir können nicht einfach zurückgehen, können die *„ars moriendi"* oder auch die *„Bilder-ars"* nicht einfach in die Gegenwart übertragen. Vor allem wollen wir nicht die Aufspaltungen übernehmen, die zur mittelalterlichen Sterbekunst gehören. Diese Trennungen mögen nicht immer beabsichtigt gewesen sein, aber in der Wirkung waren sie doch sehr deutlich. Etwa die Aufspaltung in der Weltsicht. So als sei dieses Leben ein einziges Jammertal, das man möglichst schnell hinter sich lassen möge. Im Grunde genommen sei es nicht lebenswert, nicht lohnend. Durch die Vertröstungen auf das Jenseits geraten die Aufgaben des irdischen Lebens leicht aus dem Blick. Zielpunkt und Erfüllung allen Daseins ist allein das ewige Heil.

Dann die Aufspaltung im Menschenbild. Immer geht es um das Heil der Seele. Am Ende *„nympt ain engel die seel vom gestorben menschen, das ist ain klains knäblein, verporgen unter der deck ligend, und fiert sy für got"*, so lautet anschaulich der Bericht von einem Spiel, das zu Pfingsten 1510 aufgeführt wurde. Diese Ausrichtung führt sehr schnell zur Leibvergessenheit oder gar Leibfeindlichkeit. Gewiss, die Selbstkasteiungen unter Gebet, Psalmengesang und Bußliedern sind extreme Schwärmereien, aber sie machen diese dualistischen Grundeinstellung deutlich.

Keine Angst

Nicht übernehmen wollen wir vor allem die Atmosphäre der Angst, aus der heraus die mittelalterliche *„ars moriendi"* einerseits entsteht und in die sie eingebettet ist, die sie andererseits aber auch aufnimmt und verstärkt. Dazu gehören die Androhungen ewiger Verdammnis oder das Ausmalen der Höllenstrafen. Dazu gehören all die Inszenierungen der Furcht, die Flammen schürenden Teufel, die Höllenrachen, die Schlangen und Würmer, die sich in den verwesenden Leib bohren.

Nicht übernehmen wollen wir die düstere, dunkle, drohende Seite mit allen Ausgrenzungen und Abwertungen. Eine Sterbekunst für unsere Tage muss freundlich sein, einladend sein, ja, werbend sein. Sie nimmt das Klugwerden oder, vielleicht noch besser übersetzt, das Weisewerden des 90. Psalms auf: *„Herr, lehre uns bedenken, dass wir sterben müssen, damit wir weise werden."*

Weise werden

Ein Autor unserer Tage spricht, schon vom Tode gezeichnet, von diesem Bibelvers. Peter Noll, Sohn aus einem protestantischen Pfarrhaus, Professor für Strafrecht in Zürich, erfährt Ende 1981, dass er an Blasenkrebs erkrankt ist. Die Ärzte raten zur Operation. Er lehnt ab. Er will nicht, weil er nicht in die *„chirurgisch-urologisch-radiologische Maschine"* hineinkommen will, in der er viel von seiner Freiheit verlieren würde. So entstehen seine *„Diktate über Sterben und Tod"*. Es sind Aufzeichnungen für die Lebenden, Gedanken über Gott und die Welt. Darunter findet sich auch eine Predigt für seine Trauerfeier. Ein Ausschnitt:

Was soll sich denn ändern im Leben, wenn wir an den Tod denken? Vieles, nicht alles. Wir werden ein weiseres Herz gewinnen, wie der Psalmist sagt. Wir werden sorgfältiger umgehen mit der Zeit, sorgfältiger mit den anderen, liebevoller, wenn Sie so wollen, geduldiger – und vor allem freier. Niemand kann uns mehr nehmen als das Leben und das wird uns ohnehin genommen. Dieser Gedanke gibt Freiheit, gibt geradezu frische Luft. Die Zwänge der vermeintlichen Bedürfnisse, die Karriere, die Statussymbole, die gesellschaftlichen Zwänge, sie werden mehr und mehr gleichgültig und wir können zum Beispiel einfach sagen, was wir denken, rücksichtslos gegenüber den Konventionen oder Mächten, die es uns verbieten wollen ... Ich kann Ihnen sagen, weil ich es in den letzten Monaten erlebt habe, dass der Gedanke an den Tod das Leben wertvoller macht.

Eine Einladung, weise zu werden. Dabei bleiben genügend Anknüpfungen an die *„ars moriendi"*, auch wenn deren Impulse unter den Bedingungen und mit dem Wissen unserer Zeit zu bedenken sind.

Impulse

Eine Sterbekunst für unsere Zeit – im Wesentlichen sind es vier Impulse, die uns die *„ars moriendi"* zu geben vermag:
1. Den Impuls eines bewussten Sterbens. Im Mittelalter, so der französische Historiker Philip Ariès in seiner umfassenden Untersuchung zur *„Geschichte des Todes"*, seien die Menschen mit dem Sterben vertraut gewesen. Sie hätten auf diese Weise den Tod gleichsam gezähmt. Dies müssen wir wieder lernen, uns dem Sterben stellen, den Tod ins Leben integrieren. Bewusstes Sterben – dies beinhaltet eine Korrektur des heute so verbreiteten Wunschtodes nach dem plötzlichen Tod, dem Tod ohne Sterben. *„Wie ein Baum, den man fällt..."* Eine Korrektur auch all der Beschöni-

gungen und Verharmlosungen, mit denen wir Tod und Sterben von uns fern halten.

2. Der Impuls eines begleiteten Sterbens. Die „*ars moriendi*" richtet sich zunächst einmal an den Sterbebeistand, in erster Linie an die Geistlichen. Darüber hinaus aber weisen diese Schriften auf eine allgemeine Christenpflicht hin. Bis weit in das 19. Jahrhundert hinein sind Menschen öffentlich gestorben. Angehörige, Freunde, Nachbarn waren gegenwärtig. Oft genug auch Fremde, die dem Priester einfach ins Sterbehaus gefolgt waren. Manchmal herrschte im Sterbezimmer ein regelrechtes Gedränge, über das sich dann die Ärzte beklagten. Das einsame Sterben, das abgeschobene Sterben ist eine Erscheinung unserer Zeit.

3. Der personale Impuls. Die Anrede „*Liebe Freundin*" oder „*Lieber Freund*" zeugt von Achtung und Würde und weist gleichzeitig auf einen Dialog hin, der jetzt kommt. Der Sterbende steht im Mittelpunkt aller Texte und Bilder. Er bleibt Subjekt des Geschehens, bleibt der Handelnde, der in freier Wahl über seinen Weg entscheidet. Sehr schön betont Martin Luther diesen Aspekt: „*In die Ohren können wir einander wohl schreien. Aber ein jeglicher muss für sich selber geschickt sein in der Zeit des Tods, ich werde dann nicht bei dir sein noch du bei mir. Hierin muss jedermann selber die Hauptstücke, die einen Christen belangen, wohl wissen und gerüstet sein...*"

4. Der lebensgeschichtliche Impuls. Die Öffnung der „*ars moriendi*" zur „*ars vivendi*" will weitergeführt werden. Sterben lernen heißt leben lernen und leben lernen heißt sterben lernen. Wenn das richtig ist, dann ist Lebenskunst immer auch Sterbekunst und Sterbekunst immer auch Lebenskunst. Um das lebenslange Einüben des Sterbens geht es und damit auch um das lebenslange Einüben des Lebens. Der Gedanke an den Tod macht das Leben wertvoller, sagt – wir haben es eben gehört – Peter Noll. Einer, der es wissen muss. Ob diese Aussage nicht auch umgekehrt gilt? Dass der Gedanke an das Leben auch den Tod wertvoller macht?

2.3 Wandlungen: Sterbeforschung, Hospizbewegung, Palliativmedizin

Bis in die 70er Jahres des letzten Jahrhunderts hinein konnte man mit Fug und Recht behaupten, Tod und Sterben würden heute verdrängt. Ein Beispiel aus dem Klinikum, in dem ich damals als Krankenhausseelsorger arbeitete: Im Klinikjargon hörte man damals selten, dass ein Patient oder eine Patientin gestorben sei. Viel häufiger hieß es, natürlich intern, er sei *„auf U 2 verlegt"*. U 2 – das war die Abkürzung für die unterirdische Entsorgungsstraße, auf der alles gesammelt und gebündelt wurde, was das Krankenhaus verlassen musste. Im Gegensatz zur einen Stock höher gelegenen U 1, der Versorgungsstraße, auf der alles ankam, was ins Krankenhaus geliefert wurde.

Ganz im Einklang mit dieser Sprache stand die gängige Einstellung den Angehörigen eines Verstorbenen gegenüber. Auf ihren Wunsch hin, den Toten noch einmal zu sehen, erhielten sie in aller Regel zur Antwort: *„Wollen Sie sich das denn wirklich antun?"* Oft genug in Verbindung mit dem Rat: *„Bewahren Sie sich doch das Erinnerungsbild, so wie Sie es in Ihrem Herzen tragen."* Heute, etwa 30 Jahre später, gibt es im gleichen Haus, wie an anderen Orten auch, einen schön gestalteten Abschiedsraum, in dem die Angehörigen mit ihren Verstorbenen allein sein können. Es gibt ein Palliativzentrum und eine Hospizakademie.

Damit sind bereits einige Stichworte genannt, die für einen grundlegenden Wandel in den letzten Jahrzehnten stehen. Wir werden gleich darauf zurückkommen. Aber zuerst sei an eine damals junge Ärztin erinnert.

Sterbeforschung

Ich habe sie in den 60er Jahren in Chicago kennen gelernt. Sie war einer Einladung der Krankenhauspfarrer gefolgt. In einem Rundgespräch sollte es um Tod und Sterben gehen. Es wurde ein großes Erlebnis. Denn diese Frau, Elisabeth

Kübler-Ross, erzählte nicht von ihren Leistungen und Erfolgen, so wie es viele ihrer Berufskolleginnen und -kollegen taten. Sie sprach von ihrer Unsicherheit und Ohnmacht an Sterbebetten. Sie komme sich ganz hilflos vor, sagte sie, weil sie nicht wisse, was Sterbende brauchen und wie sie ihnen nahe sein könne. Wer kann uns hier weiterhelfen? Ihre Antwort war ganz einfach, ganz naheliegend, ganz selbstverständlich und doch ganz revolutionär: Nur die Sterbenden selbst können uns sagen, was Sterben heißt. Ein paar Monate später erschien ihr Buch „*On death and dying*". Innerhalb kurzer Zeit wurden diese „*Interviews mit Sterbenden*" in alle Sprachen der Welt übersetzt. Für mich ist es das mit Abstand wichtigste Buch von Elisabeth Kübler-Ross. Es begründete eine neue Wissenschaftsrichtung, die Sterbeforschung, die Thanatologie.

Neu und aufregend waren dabei nicht nur die so genannten „*Sterbephasen*", die in dem Buch beschrieben werden und die heute in aller Munde sind. Neu und aufregend war zunächst einmal, dass sich ein Mensch für seine sterbenden Mitmenschen interessierte, überhaupt erst einmal – und das war die Revolution – interessierte. Dass ein Mensch zuhörte und sich Zeit nahm. Für die Gefühle, für das Erleben, für die Ängste und Hoffnungen der sterbenden Mitmenschen.

Wir wissen heute, dass Zorn zu unserem Sterbeweg gehören kann,

---

Verleugnung:
Nein,
nicht ich!

Wut und Zorn:
Warum ich?
Warum jetzt?

Verhandeln:
Ja,
aber …

Depression:
Es ist
alles aus!

Zustimmung:
Es ist
gut so!

dass Verzweiflung dazugehören kann, dass eine Zeit des Verhandelns dazugehören kann genauso wie eine Zeit des Verleugnens. Vor allem aber wissen wir, dass sterbende Menschen leichter zum Frieden finden und zu einem versöhnten Ende, wenn sie vorher in all diesen Erlebnisweisen angenommen wurden. In ihrem Aufruhr angenommen, in ihren Tränen angenommen, in ihrem Zweifel angenommen, in ihrer Klage angenommen.

Wir wissen heute, dass wir versöhnt leben und versöhnt sterben können, wenn wir unsere Erlebnisräume durchschreiten dürfen und uns dabei angenommen wissen. Wenn uns jemand eine Tür zuschlägt, etwa mit der Bemerkung, so oder so dürfe „man" nicht reden oder fühlen, dann werden wir auf unserem Weg aufgehalten. Die Skizze mag dies verdeutlichen.

Gehört werden und sich wahrgenommen wissen. Dies gilt für unser Sterben und – immer wieder auch – für unser Leben. Wir wissen heute, dass Wut und Zorn auch zu unserem Lebensweg gehören, dass Verzweiflung dazugehört, dass Verhandlungszeiten dazugehören genauso wie Verleugnungszeiten. Vor allem aber wissen wir, dass wir leichter zum Frieden finden und zu einem versöhnten Leben finden, wenn wir in all diesen Erlebnisweisen angenommen werden. Sterbekunst ist Lebenskunst und Lebenskunst ist Sterbekunst.

Die Hospizbewegung

Im Jahr 1967 eröffnet die anglikanische Ärztin Cicely Saunders in einem ruhigen Londoner Vorort das St. Christopher Hospice. Mit der Namensgebung nimmt sie eine alte Tradition auf. Eine Hospiz, das war im Mittelalter eine Herberge für Reisende und für Pilger. Es gehörte zu einem Kloster und lag oft in entlegenen Gebieten. Hier konnte der Wanderer ein paar Tage bleiben. Er fand Unterkunft und Erfrischung, Fürsorge und Beistand. Kranke erlebten Zuwendung und Pflege. Allen stand es offen, den bedürftigen Armen, der Frau in den Wehen, den Waisenkindern ohne Bleibe, allen.

Wir kennen eine Hospizregel aus dem 12. Jahrhundert. Sie ist überschrieben: *„Wie unsere Herren, die Kranken, empfangen und bedient werden sollen"*. Darin heißt es:

Wenn ein Kranker kommt..., möge er zu Bett getragen werden und dort..., bevor die Brüder zum Essen gehen, täglich aus Wohltätigkeit mit Speise und Trank versorgt werden. Die Betten der Kranken sollen so lang und so breit bemessen sein, wie es eine angenehme Ruhe erfordert, und jedes Bett soll mit einer eigenen Zudecke versehen sein ... und jedes Bett soll eigene Bezüge besitzen ...
Für die Säuglinge, welche von Pilgerinnen in dem Haus zur Welt gebracht werden, sollen kleine Wiegen gebaut werden ...
Die Leiter des Hauses sollen dem Kranken mit frohem Herzen dienen und sie sollen ihre Pflicht ihnen gegenüber erfüllen und ihnen ohne Murren oder Klagen zu Diensten sein ... Damit sie Tag und Nacht geschützt und bewacht seien, sollen ihnen überdies neun Diener zur Verfügung gestellt werden, welche sanft ihre Füße waschen und ihr Bettzeug wechseln sollen ...

Heute ist ein Hospiz ein Haus für die letzte Phase unserer Lebenswanderschaft, ein Ort der Pflege und der Zuwendung. Ein menschliches Sterben, ein Sterben in Würde soll hier möglich sein, nicht nur von Apparaten umgeben und chemisch gesteuert. Ein begleitetes Sterben. So lange es irgendwie geht, sagt die Hospizbewegung, sollen Sterbende zu Hause, im Kreis der Familie, bleiben. Wenn dies nicht mehr möglich ist, sollte die letzte Zuflucht ein Hospiz sein können. Menschen, die in einem Hospiz aufgenommen werden, erhalten zwei Versprechen: *„Sie werden keine Schmerzen haben und Sie werden nicht einsam sterben."*

Ein Hospiz hat eine sehr persönliche, liebevolle, familiäre Atmosphäre. Ärzte und Pfleger sind dort tätig, die sich viel Zeit nehmen. Angehörige dürfen rund um die Uhr bei ihren Lieben sein. Viele ehrenamtliche Helferinnen und Helfer stehen zur Verfügung, wenn sie gebraucht werden. Im Mittelpunkt aller Aufmerksamkeit und aller Bemühungen steht – wie auf den Bildern der „ars moriendi" – der kranke Mensch. Seine Wünsche und seine Bedürfnisse haben Vorrang, immer und für alle. Es ist ein Leben und ein Sterben in Würde.

Überall in der Welt sind in den letzten zwanzig Jahren Hospize gegründet worden. In England sind es weit über hundert, in den USA sogar 1500. Eine regelrechte Hospizbewegung ist entstanden. Sie alle orientieren sich am St. Christopher in London. Ende 1986 wurde in Aachen das erste Hospiz in unserem Land eröffnet. Weitere Häuser folgten. In allen größeren Städten gibt es Hospizvereine, die sich um sterbende Menschen kümmern.

Die Palliativmedizin

Seit den 80er Jahren entsteht überall auf der Welt und auch in unserem Land eine Palliative Medizin. *„Pallium"* ist das lateinische Wort für Mantel. Ein schönes Bild: Wie ein schützender, wie ein bergender Mantel für den Schwerkranken sieht sich diese Medizin.

Gewiss, vieles braucht Zeit. Nur langsam kommt ein Umdenken in Gang. Nur zögerlich zieht die Palliativmedizin in die Kliniken ein. Immerhin: 1994 wird die *„Deutsche Gesellschaft für Palliativmedizin"* gegründet. Ihr erster Präsident, Professur Eberhard Klaschik, fasst ihr zentrales Anliegen zusammen: *„Sinnloses Leiden, Verlust der Menschenwürde und Angst vor Schmerzen sind... die häufigsten Gründe für das Verlangen nach aktiver Sterbehilfe. Dies sind Faktoren, denen die Palliativmedizin wirksame Alternativen gegenüberstellt. So gesehen ist die Palliativmedizin aktive Lebenshilfe."*

Freilich, immer noch dominiert eine ausschließlich naturwissenschaftliche Ausrichtung die medizinische Ausbildung. Anfang 2003 gab es nur zwei Lehrstühle für Palliativmedizin in Deutschland, in Bonn und in Aachen. Eine palliativmedizinisch ausgerichtete Weiterbildung für Ärzte und Ärztinnen findet sich erst in Ansätzen. Ist es dann überraschend, dass sich viele mit ihrer Kunst am Ende fühlen, wenn diese Kunst doch erst beginnen müsste? *„Es kann nicht verwundern"*, so der Internist und Kardiologe Jürgen Bickhardt, Mitbegründer des Christophorus Hospizvereins in Erding, *„dass gerade Ärzte angesichts zu Ende gehenden Lebens in einen oft gnadenlosen Aktionismus flüchten, um den eigenen Ohnmachtsgefühlen zu entkommen. Sterben und Tod scheinen Ärzte mehr zu kränken als andere Menschen."*

Hier wird deutlich, wie wichtig die Auseinandersetzung mit dem eigenen Sterben ist, die Auseinandersetzung mit Leiderfahrungen und die Auseinandersetzung mit der eigenen Hilfsbedürftigkeit. Nur dann erscheinen die Leitsätze sinnvoll, die die World Health Organisation (WHO), die Weltgesundheitsorganisation, zur Palliativmedizin formuliert. Es ist eine Medizin, die

- das Leben bejaht und das Sterben als einen normalen Prozess ansieht,
- den Tod weder beschleunigen noch hinauszögern will,
- für Linderung sorgt,
- offen ist auch für die psychischen und spirituellen Bedürfnisse,
- Unterstützung anbietet, damit das Leben der Patienten bis zum Tod so aktiv wie möglich sein kann,
- auch der Familie des Patienten und der Patientin Unterstützung anbietet, bis zum Sterben, aber auch darüber hinaus.

Im Vergleich zu anderen Ländern, vor allem Großbritannien, Nord Amerika und Australien, steht diese Entwicklung in Deutschland erst am Anfang. Aber ohne Zweifel gehört ihr die Zukunft.

Die Sterbeforschung, die Hospizbewegung, die Palliativmedizin – drei Bewegungen, die einen Wandel eingeleitet haben. Drei Bewegungen, die weiter wirken werden, weiter wirken in Richtung einer Sterbekunst, die nicht erst auf dem Sterbebett beginnt, die auf das Leben vorgreift und es wärmer, herzlicher, weiter, verbindender macht.

Cicely Saunders spricht einmal von einem *„Ort der Begegnung"* und meint dies in mehrfacher Hinsicht. Körper und Seele begegnen einander, Geschehen und Geschehenlassen, Geben und Empfangen begegnen einander. Das alles muss zusammen gesehen werden. Die Sterbenden bedürfen der Gemeinschaft, aber die Gemeinschaft bedarf auch der Sterbenden, um über grundlegende Fragen nachzudenken und das Zuhören zu lernen.

**Der todten dantz mit figuren vnd schrifften
Clag vnd antwort võ allen ständen der welt**

Wol an wol an ir herren vnd knecht.
springt herbey von allem geschlecht
Wie jung wie alt wie schön oder krauß
ir müessendt alle in diß dantzhauß.

Der Todten Dantz, Holzschnitt (um 1515)

3. Ein Leben lang loslassen

Der andere: Es ist gewissermaßen die Kunst des Sterbens, nach der Sie fragen.
Der Mann: Dies scheint die einzige Kunst zu sein, die wir heute lernen müssen.
Der andere: Ich weiß weder, ob man diese Kunst lehren kann noch wie man sie lernt. Ich sehe nur, dass sie einige besitzen und viele nicht, dass Stümper in dieser Kunst zu mir kommen und große Meister.

Friedrich Dürrenmatt (1921–1990)

Wenn wir von Tod und Sterben sprechen, dann denken wir meistens an das Ende unseres Lebens. Verständlich, denn dies ist die eine sehr klare, sehr dramatische Abschiedssituation. Eine Abschiedssituation zudem, die ihren gesellschaftlichen Platz und ihren gesellschaftlichen Schutz hat. Neben diesem Ereignis am Ende des Lebens gibt es allerdings noch eine umfassendere Sterbeerfahrung.

3.1 Von Anfang an

Diese Sterbeerfahrung ist nicht so dramatisch und lässt sich nicht so exakt benennen, aber sie ist nicht weniger wichtig. Sterben begleitet unser ganzes Leben. Eine Sterbelinie geht durch unser ganzes Dasein. Karl Rahner, der große katholische Theologe des letzten Jahrhunderts, kann mit Recht sagen, dass der *„der Tod inwendig im ganzen Leben sitzt."* Dieser Gedanke will uns nicht schwermütig machen. Im Gegenteil, er will zum Vertrauen locken, denn solches Sterben ist die Voraussetzung für neues Leben.

Dies gilt in einem ganz nahen, biologischen Sinn. Denken Sie an die kleinsten Bausteine unseres Körpers, die Zellen. Ist es nicht unvorstellbar: Aus einer einzigen befruchteten Eizelle entwickeln sich die 60 Billionen Zellen, aus denen unser Körper besteht? Wie ist das möglich? Es geschieht so, dass Altes stirbt und Neues entsteht, in einem äußerst komplizierten Prozess, in dem sich ständig Zellen erneuern, teilen, trennen und wieder zusammenschließen. Immer geht Altes zu Ende und macht Neuem Platz.

Dies gilt auch in einem übertragenen Sinn. Unser Leben beginnt mit einer Abschiedserfahrung. Dieser kleine Erdenbürger, der eben geboren worden ist, hat viel aufgeben müssen. Die Wärme, die Geborgenheit, das ständige und verlässliche Umsorgtsein im Mutterleib hat er aufgeben müssen, das Umfangensein in dieser dunklen Höhle, den vertrauten, regelmäßigen Rhythmus des mütterlichen Herzschlags, der ihn lange Monate begleitet hat. All die anderen Körpergeräusche aus dem Bauchraum, das Pochen und Gluckern und Fließen und Strömen und Plätschern und Blubbern und Gurgeln und Glucksen.

Wir können uns den Eintritt, oft genug ein Herausgepresstwerden, in diese grelle und kalte Welt mit ihren ganz anderen Geräuschen gar nicht dramatisch genug vorstellen. Und doch ist dieses Sterben am Anfang des Lebens die Voraussetzung dafür, dass Leben weitergeht.

Die Zeiten und Phasen unseres Lebens nehmen dieses Thema auf. Die ersten Jahre zu Hause, noch ganz umgeben von der Mutter oder dem Vater, den Eltern, der Familie. Dann die ersten eigenen Schritte, ganz ängstlich noch und zögerlich, kaum die Hand des Erwachsenen loslassend, die notfalls eingreift und hält und stützt und auffängt. Dann größere Schritte mit wachsendem Geschick und Zutrauen. Noch größere Schritte. Nicht lange, und diese Schritte gelingen selbstständig. Und nicht allzu lange, und diese Schritte führen hinaus – in den Kindergarten, später in die Schule. Und noch weiter hinaus, zum Schulabschluss, zur Berufsausbildung, zur Partnerschaft und vielleicht zur Gründung einer eigenen Familie. Dann beginnt es wieder von vorn: das Wachsen der eigenen Kinder, deren Auszug und das eigene Zurückbleiben.

Immer sind es Zeiten, in denen wir uns verabschieden müssen, verabschieden von manchen Wünschen, manchen Vorstellungen, manchen Bedürfnissen, manchen Möglichkeiten. Ein Stück Sterben liegt darin und dieses Sterben ist die Voraussetzung dafür, dass neues Leben gelingen kann.

Altes stirbt und Neues entsteht

Unser ganzes Leben ist ein ständiges Adieusagen, ein fortlaufendes Loslassen, ein immer währendes Abschiednehmen, ein unaufhörliches Sterben. Manchmal tut es weh und manchmal ist es mühsam, zu solcher *„abschiedlichen Existenz"* (Verena Kast) zu stehen. Aber es ist nicht *nur* schmerzlich, es ist auch aufregend und voller Chancen. Wir lassen Altes zurück und entdecken Neues, wir lassen Gewohntes zurück und entdecken anderes und probieren es aus und prüfen es und – wenn wir wollen – eignen es uns an. Vergangenes muss sterben und das ist die Voraussetzung dafür, dass Leben weitergeht.

In allen Trennungen steckt beides, das Aufgeben und Verlieren, aber auch der Anreiz zu einer neuen Lebendigkeit. Allerdings kann ich das Neue nur dann ergreifen, wenn ich bereit bin, das Alte und Vertraute loszulassen. Würden wir daran festhalten, blieben wir auch festgehalten. Wir könnten nicht weitergehen, könnten uns nicht entwickeln.

Ich kann mir dies gut bewusst machen, wenn ich einmal auf die Bewegung meines Atems achte. Darin liegt viel von diesem Hergeben und Empfangen, Loslassen und Neuwerden. Ich atme ein und spüre, wie sich mein Körper mit Leben füllt. Dann atme ich aus und muss viel von diesem Leben wieder hergeben. Aber nur so kann neues Leben in mich einströmen. Behielte ich den Atem für mich, gäbe ich nicht genügend davon her, dann – man kann es gut ausprobieren – würde eine sehr sinnvolle, ja lebenswichtige Balance zerstört. Ich stünde, im Bild gesprochen, aufgeblasen da. Gäbe ich meine Atemluft zu rasch her, wäre die Balance von einer anderen Seite her gefährdet. Mein Schwerpunkt läge nicht mehr in der Leibmitte, er würde nach oben rutschen. Mein ganzer Körper wäre nicht mehr im Lot. Wir werden später auf die Atemerfahrung zurückkommen. Hier ist mir nur das Gleichnis wichtig. Ich gewinne neues Leben, weil ich altes, verbrauchtes Leben hergebe.

3.2 Über den Fluss schauen

Schon immer haben Menschen ihre Angst und ihre Hoffnung in Mythen und Symbolen, in Bildern und Träumen, in Legenden und Sagen ausgedrückt. Solche Stoffe gehören zum Erfahrungsschatz aller Völker und Zeiten. Mit ihnen haben sich Menschen gegenseitig getröstet und ermutigt und mit Hoffnung angesteckt, haben einander mitgeteilt, was sie besorgt und beglückt und bekümmert und bewegt. Kein Wunder, dass die Erfahrung des Sterbens und die Auseinandersetzung mit dem Tod dabei eine große Rolle spielen.

Immer wieder taucht dabei das Wasser als Element auf, Wasser, das das Diesseits vom Jenseits trennt, ein Meer, ein See, oft aber auch ein Fluss. So der Gjöll der Germanen, der Fluss zwischen Ober- und Unterwelt, oder die Styx der Griechen. Besonders schön ist die Legende von der Himmelfahrt des Propheten Elia aus der Hebräischen Bibel. Elia und sein Nachfolger Elisa gehen gemeinsam zum Jordan. Die anderen Propheten bleiben in einiger Entfernung zurück, Elisa aber begleitet seinen Freund durch den Fluss hindurch ans andere Ufer (2. Könige 2,1–15). Dort kommt ein feuriger Wagen mit feurigen Rossen und nimmt Elia in den Himmel auf.

Ein Märchen

Die Gebrüder Grimm haben uns ein Märchen überliefert, in dem auch das Wasser eine wichtige Rolle spielt, *„Der Tod und der Gänsehirt"*. Janosch, Maler und Autor vieler Kinderbücher, hat dieses Märchen nacherzählt:

> *Einmal kam der Tod über den Fluss, wo die Welt beginnt und endet. Dort lebte ein armer Hirt, der eine Herde weißer Gänse hütete. „Du weißt, wer ich bin, Kamerad?", fragte der Tod.*
> *„Ich weiß, wer du bist. Du bist der Tod. Ich sah dich oft auf der anderen Seite des Flusses, ich kenne dich so gut, dass du mir wie ein Bruder bist."*
> *„Dann weißt du, dass ich hier bin, um dich zu holen und mitzunehmen auf die andere Seite des Flusses?"*
> *„Ich weiß es."*
> *„Du fürchtest dich?"*
> *„Nein", sagte der Hirt, „ich habe immer auf die andere Seite des Flusses geschaut, ich kenne sie. Nur meine Gänse werden dann allein sein."*

„Ach", sprach der Tod, „ein anderer Hirt wird kommen."
„Dann ist auch das so in Ordnung", sagte der Hirt.
„Nun, ich werde dir noch ein wenig Zeit lassen. Wünsche dir etwas, was ich dir geben werde."
„Ach", sprach der Hirt, „ich habe immer alles gehabt, was ich brauchte. Ein Jacke, eine Hose und einiges zu essen. Mehr habe ich nie gewollt. Ich hatte ein glückliches Leben. Ich kann die Flöte spielen."
Nun gut, der Tod ging weiter, denn er hatte noch einige andere in der Welt abzuholen, und kam nach einer Weile wieder. Hinter ihm gingen viele. Ein Reicher war dabei, ein Geizhals, der nun alles verloren hatte, woran er gehangen hatte. Wertvolles und wertloses Zeug, Klamotten, Aktien, Gold und Häuser. Er jammerte und zeterte, denn nun hatte er nichts als sein Hemd. „Fünf Jahre noch. Fünf verdammte, kurze Jahre, und ich hätte die ganze Stadt besessen..."
Dann war da ein Rennfahrer. Er wurde kurz vor dem Ziel vom Tod abgeholt. Er hatte sein Leben lang trainiert, um den großen Preis von Monte Carlo zu holen. Er fluchte und schrie: „Fünf Minuten haben mir gefehlt. Fünf lächerliche Minuten, was bedeuten die schon in der Ewigkeit, und ich wäre der größte Rennfahrer aller Zeiten gewesen."
Ein Berühmter war dabei, dem noch ein Orden gefehlt hat, für den er sein ganzes Leben aufgewendet hatte.
Dann war da ein junger Mensch, der ohne seine Braut niemals hätte leben können. Wie weinte er doch so bitterlich.
Schöne Fräuleins mit langen Haaren waren da, Reiche und Arme. Ein Armer war froh, dass sein armseliges Leben zu Ende war. Die anderen jammerten, weil sie lieber reich gewesen wären.
Ein alter Mann war freiwillig mitgegangen, denn ihm hatte das Leben nie so recht gefallen. Nun wollte er wissen, wie es danach sein wird.
Als der Tod dem Gänsehirten die Hand auf die Schulter

legte, stand dieser fröhlich auf und ging mit ihm mit, als habe er seinen Bruder getroffen.
Nur die Flöte hätte er gern mitgenommen, aber das war dann nicht nötig, denn die Töne, die er einst gespielt hatte, waren da hinter dem Fluss ewig zu hören.

Ein Gleichnis. Das ist mit Sterbekunst gemeint und so lässt sie sich beschreiben. Über den Fluss schauen, immer wieder über den Fluss schauen. Es ist die Alternative zu dem vielen Wegschauen, Vermeiden, Tabuisieren und Nicht-daran-Denken. Ich schaue immer wieder über den Fluss und lerne so langsam, ganz langsam, die andere Seite kennen und mache mich mit ihr vertraut, freunde mich mit ihr an, versöhne mich mit ihr.

Immer wieder

Auch im Märchen findet eine Entwicklung statt. *„Ich habe immer auf die andere Seite des Flusses geschaut, ich kenne sie."* Zutrauen will wachsen und hier ist ein ganzes Stück Zutrauen gewachsen. Und doch schwingt noch eine Sorge mit, eine Andeutung von Schmerz, von Kummer. Eine Andeutung, nicht mehr. Die, für die ich verantwortlich bin, meine Gänse, werden doch allein sein.

Der Tod ist in diesem Märchen kein Unmensch. Er räumt dem Hirten Zeit ein, ja, er fragt ihn nach einem Wunsch. So entwickelt sich über mehrere Stationen hinweg ein noch größeres Zutrauen bis hin zu dem Augenblick des endgültigen Abschieds: *„Als der Tod dem Gänsehirten die Hand auf die Schulter legte, stand dieser fröhlich auf und ging mit ihm mit, als habe er seinen Bruder getroffen."* Hier ist keine Angst mehr, keine Sorge mehr, auch kein Gedanke mehr daran, was mit denen sein könnte, für die er verantwortlich war.

Hier ist nur Lassen und Loslassen und Gehenkönnen. Und nur ganz zurückhaltend und behutsam taucht noch ein Wunsch auf. Die Flöte, er hätte sie gerne mitgenommen. Wie wunderbar leise hier, in den letzten beiden Zeilen, erzählt wird! Ein Wunsch, der sich, kaum ausgesprochen, schon wieder auflöst. Und dann in den letzten Worten dieser unendlich zarte Hinweis: Auch auf der anderen Seite des Flusses klingt es weiter. Fast nebenbei wird es gesagt, absichtslos beinahe, wie im Vorübergehen: *„... die Töne, die er einst gespielt hatte, waren da hinter dem Fluss ewig zu hören."*

3.3 Täglich sterben

Über den Fluss schauen, immer wieder über den Fluss schauen, irgendwann einmal hinübergehen müssen und dann nicht verloren sein – darum geht es. Eine alte Inschrift im Dom zu Schleswig drückt dieselbe Erfahrung auf eine ganz andere Weise aus, in einem Wortspiel: *„Wir müssen täglich sterben, damit wir nicht sterben, wenn wir sterben."*

Täglich sterben, sich der Sterbelinie öffnen, die unser Leben durchzieht – das ist die Kunst. Sich ihr nicht widersetzen und sich ihr nicht entgegenstemmen, sondern sie aufnehmen und annehmen und sie gestalten, loslassen, was loszulassen ist. Ein paar Beispiele für dieses tägliche Sterben:

Lebensphasen loslassen

Ich lasse Lebensphasen los. Solche Phasen kommen, haben ihre Zeit und wollen dann aber auch wieder gehen. Jugendlichkeit etwa hat ihre Zeit. Diese paar Jahre, in denen die Grenzen noch fließend sind, sich noch nicht fertig ausgebildet haben: Was ist recht, was unrecht? Was ist angemessen und was nicht? Was passt zu mir und was weniger? Wie sehen mein Stil und mein Geschmack aus? Fragen voller Charme und Leidenschaft und Unbekümmertheit. Es sind Jahre des Suchens und Prüfens und Ausprobierens, Jahre auch des Experimentes und der Provokation. Das alles hat seinen tiefen Sinn, es hat aber auch seine Grenze.

Irgendwann kehrt eine gewisse Ruhe ein, eine gewisse Sicherheit. Irgendwann bildet sich eine gewisse Handschrift heraus. Nicht starr und unwiderruflich und unveränderlich, und doch ist es gut erkennbar, wenn ein junger Mensch in die Erwachsenheit findet. Es beginnt eine neue Zeit und das merkt man auch. Nichts wirkt fremder und peinlicher, als wenn jemand seine Jugend nicht gehen lässt, wenn so der Typ des Berufsjugendlichen entsteht, jemand, der längst über das Alter hinaus ist, sich aber immer noch so gibt, so kleidet, so redet, als gehöre er dazu. Ganz unvermittelt entsteht der Eindruck des Abgestandenen, des Überholten. Ein Anflug von Lächerlichkeit liegt darüber, ein Hauch von Morbidität. Jemand, der nicht loslassen, nicht sterben lassen und sich deswegen auch nicht weiterentwickeln konnte.

Ich weiß, es sagt sich so leicht und ist doch so schwer: Lebensphasen loslassen, die Kindheit, die Jugend, das junge Erwachsenenalter, die Zeit der Lebensmitte usw. Warum ist es schwer? Weil es nicht einfach ein Weiterziehen ist, das man sich vornimmt wie einen Ausflug am nächsten Morgen. Es ist ein Zurücklassen, ein Aufgeben, ein Sterben.

Menschen loslassen

Ich lasse Menschen los. Viel Leid, viel Tragik entsteht, weil Menschen einander nicht loslassen und freigeben. Eltern lassen ihre Kinder nicht los, sondern halten und klammern und produzieren nichts als Abhängigkeit und Schuldgefühle und schlechtes Gewissen. *„Wenn deine Kinder klein sind, gib ihnen Wurzeln"*, sagt ein chinesisches Sprichwort, *„wenn sie größer sind, gib ihnen Flügel."*

Partner lassen einander nicht los. Sie kontrollieren und beobachten und überwachen und wundern sich, wenn die Beziehung austrocknet. Ein Gedicht aus unseren Tagen beschreibt den Schritt ins Freie: *„Ich wollte/dich fesseln,/und wusste doch,/dass Gefangene/ihren Wächter nicht lieben./ So habe ich/die Bänder gelöst,/und spüre nun,/wie gut es ist,/wenn keine Fesseln/an einer Liebe scheuern."* (Kristiane Allert-Wybranitz)

Wie viel Unglück geschieht, wenn alte Eltern ihre längst

erwachsenen Kinder immer noch an sich binden, mit Appellen und mit Überredungen, mit Drohungen und mit Versprechungen. Und immer wieder mit Druck, oft auch mit religiösem Druck, etwa unter Verweis auf das 4. Gebot: Vater und Mutter ehren.

Das Geheimnis von Bindung heißt Freiheit und heißt nicht Misstrauen und Kontrolle. Und wiederum: Es sagt sich so leicht und ist allem Anschein nach unendlich schwer. Warum? Weil es nicht einfach ein Vorhaben ist, das man so nebenher verwirklicht wie andere Vorhaben auch. Es ist ein Zurücklassen, ein Aufgeben, ein Sterben.

Werte loslassen

Ich lasse Werte los. Damit rede ich nicht einer neuen Beliebigkeit oder auch Unübersichtlichkeit das Wort, keinem *„Wertecocktail"*. Dies ist ja eine verbreitete Klage: Es gibt keine Verbindlichkeit mehr, jeder mixt sich seine eigenen Wichtigkeiten zusammen. Anything goes.

Diese Kritik ist durchaus berechtigt. Aber es gibt auch einen legitimen Wertewandel. In der Nachkriegszeit etwa gab es einen Wert, der in unserem Land fast universelle Geltung hatte. Ein Sprichwort hielt ihn fest: *„Was auf den Tisch kommt, wird gegessen."* Mehrere Generationen wurden so erzogen. Gegen Ende der 40er oder 50er Jahre war das auch legitim. Man musste darauf achten, dass der Körper ein Minimum von dem bekam, was er zum Leben brauchte, und allzu wählerisch konnte man dabei nicht sein, die Auswahl war nicht so riesig. Heute hat sich die Situation völlig gewandelt. Unser Problem ist – in diesem Land zumindest – nicht mehr Hunger oder gar Verhungern. Unser Problem heißt Übergewicht. Jedes dritte Kind leidet daran und wir wissen, dass hier ein Grundstein für spätere Erkrankungen liegt. Unser Problem ist ferner, dass wir oft nicht mehr wissen, was wir auf den Tisch bekommen, nicht mehr wissen, was sich da, hübsch in Plastik verpackt, in die Nahrungskette eingeschlichen hat.

Nein, das alte Sprichwort hat ausgedient. Verantwortliches Handeln heißt heute: *"Prüfe, was auf den Tisch kommt, denn nicht alle Nahrungsmittel sind auch Lebensmittel."* Verantwortliches Handeln heißt heute auch: *"Achte darauf, wann es genügt, wann du satt bist, und nimm das Signal deines Körpers wahr."* Unverantwortlich ist es, wenn Eltern das natürliche Sättigungsgefühl ihrer Kinder mit Druck, mit Versprechungen, mit Überredungen zerstören.

Man könnte auf diese Weise viele Werte überprüfen. Zum Beispiel das alte *"Erst die Arbeit, dann das Spiel."* Jahrzehntelang sind Kinder damit erzogen worden: Schule, Mittagessen, Hausaufgaben und erst danach Zeit zum Spielen. Stimmt dieser Wert noch? In einer Zeit, in der eine Unzahl von Eindrücken auf unsere Kinder einströmen, unendlich viel mehr als noch vor 30 Jahren? In einer Zeit, in der sie einem ganz anderen Leistungs- und Konkurrenzdruck ausgesetzt sind? Versuchsweise stelle ich das Sprichwort auf den Kopf und schaue, wie es jetzt wirkt: *"Erst das Spiel und dann die Arbeit."* Wie klingt diese Variante? Vielleicht kinderfreundlicher, vielleicht auch familienfreundlicher als die alte Formulierung?

Werte loslassen oder doch zumindest überprüfen, warum fällt Menschen solche innere Beweglichkeit schwer? Sicherlich deswegen, weil es hier nicht einfach um eine Willensentscheidung geht, sondern darum, etwas loszulassen, was lange Jahre und vielleicht für ganze Generationen Gültigkeit hatte. Nur – manches davon muss sterben, damit Neues entstehen kann.

Die kleinen Tode

"Wir müssen täglich sterben, damit wir nicht sterben, wenn wir sterben." Als unsere beiden Kinder noch klein waren, hatten wir immer wieder Zwerghasen. Sie gehörten einfach zu unserer Familie. Mit ihnen und an ihnen haben wir unendlich viel gelernt. Immer wieder mussten wir uns auf das Sterben dieser kleinen Hausbewohner einlassen. Es ist uns

allen nahe gegangen, und zwar auf ganz unterschiedliche Weise. Ein Häschen war eines Tages aus dem Garten verschwunden. Wir suchten die Nachbarschaft ab, fragten Passanten, ob sie es gesehen hätten, hefteten Zettel an die Bäume, riefen beim Tierschutzverein an und taten vieles andere mehr. Trotz aller Bemühungen – das Häschen blieb verschwunden.

So ist das manchmal mit dem Sterben. Jemand verlässt uns und wir wissen nicht, warum er gegangen ist und wohin und was ihm oder ihr dabei widerfahren ist. Das Unbekannte müssen wir annehmen lernen. Durch alle Bemühungen und Fragen und Fantasien und Vorwürfe, auch Selbstvorwürfe, hindurch. So ist es.

Ein anderes Häschen kam gewaltsam ums Leben. Mümeli hieß der kleine Kerl. An einem Sonntag waren wir mit dem Auto auf einem Familienausflug. Es war ein strahlend schöner Tag. Deshalb hatten wir beschlossen, Mümeli nicht einzusperren, sondern draußen im kleinen Vorgarten hoppeln zu lassen. Die Mauer würde ihn schützen und nicht entkommen lassen. Gegen Abend zu, auf dem Heimweg, fragte ich die Kinder hinten auf dem Rücksitz: Worauf freut ihr euch denn jetzt? Ohne zu überlegen, kam die Antwort: auf Mümeli. Wir hatten kaum den Schlüssel in der Wohnungstür umgedreht, da stürmten die beiden durch die Tür und hinaus in den Vorgarten. Und dann ein Entsetzensschrei. Sie hatten das Häschen gefunden. Ausgestreckt lag sein Körper im Gras. Mit blutigem Fell und ohne Kopf.

Auch so sieht manchmal Sterben aus. Sinnlos und voller Gewalt. Und wir bleiben zurück, erschüttert, durcheinander, aufgewühlt, empört. Wie in aller Welt konnte das geschehen und warum und wer hat es getan? Fragen über Fragen. Am nächsten Tag legten wir den kleinen Körper in die Erde. Die Kinder fertigten ein Kreuz aus dünnen Zweigen an und schmückten das Grab mit Blumen und Steinen. Aber es dauerte Wochen, ehe wir uns beruhigten, die Kinder, aber auch wir Erwachsene. Immer wieder malten wir uns aus, was passiert sein konnte. Versuchten uns vorzustellen, wie das Tier vor dem Angreifer – einem Marder?, einer Katze?, vor wem sonst? – zu flüchten versuchte. Wir dachten an seine Todesangst und quälten uns mit der Frage, ob es denn ein langer Todeskampf gewesen sei. So ist das manchmal mit dem Sterben.

Ein drittes Häschen starb in unseren Händen. Wir hatten es noch zum Tierarzt gebracht, weil es zunehmend matt aussah, nichts mehr fraß und nicht mehr herumtollte. Der Doktor gab ihm eine Spritze und sagte: *„So Häschen, das war mein Teil, jetzt bist du an der Reihe und musst deinen Teil tun."* Aber dieses Tier wollte wohl nicht mehr leben. Es lag da, ganz apathisch, und wir streichelten es und sangen ihm Lieder. Und sprachen darüber, ob Gott dieses Häschen lieb habe und ob es einen Hasenhimmel gäbe.

Ganz stoßweise ging sein Atem, eine, zwei Stunden lang. Dann wurde es ganz ruhig. Dann ein letztes, langes Ausatmen. Auch so sieht Sterben aus. Ruhig, friedlich, gehalten und umgeben von Liebe.

„Wir müssen täglich sterben, damit wir nicht sterben, wenn wir sterben." Das kleine Sterben wahrnehmen, das unser Leben begleitet, und so bereit werden für das große Sterben am Ende unseres Lebens. Sich auf das kleine Sterben einlassen, das unser Leben begleitet, und uns so dem großen Sterben annähern. Sich im kleinen Sterben üben, damit das große Sterben seinen Schrecken verliert. Durch die kleinen Tode hindurch bereit werden für den großen Tod.

Vertrauen gewinnen zur Geste des Loslassens, darum geht es immer wieder. Ich öffne meine Hände, ich lasse los, wieder und wieder. Und immer wieder werde ich die Erfahrung machen, dass sich meine Finger sträuben und versuchen, die Hand wieder zu schließen. Und wieder gilt es sie zu öffnen.

Ein Leben lang loslassen, achtsam und mit Freundlichkeit. Sich ein Leben lang in dieser Geste üben, immer wieder und immer wieder neu. Denn – wie soll ich am Ende meines Lebens loslassen können, wenn ich es nie geübt habe, wenn ich nie Zutrauen zu dieser Gebärde gefunden habe, zur *„Haltung der leeren Hände"* (Karl Rahner)?

Wie soll ich *mich* am Ende meines Lebens loslassen können im Vertrauen darauf, dass ich nicht ins Bodenlose falle, nicht ins Dunkle stürze und nicht im Nichts versinke, sondern aufgefangen und gehalten und geliebt werde? *„Wir müssen täglich sterben, damit wir nicht sterben, wenn wir sterben."*

Albrecht Dürer: Die vier apokalyptischen Reiter, Holzschnitt (um 1497/1498)

4. In der zweiten Lebenshälfte

Im Grase

Glocken und Zyanen,
Thymian und Mohn.
Ach, ein fernes Ahnen
hat das Herz davon.

Und im sanften Nachen
trägt es so dahin.
Zwischen Traum und Wachen
frag' ich, wo ich bin.

Seh' die Schiffe ziehen,
fühl' den Wellenschlag,
weiße Wolken fliehen
durch den späten Tag –

Glocken und Zyanen,
Mohn und Thymian.
Himmlisch wehn die Fahnen
über grünem Plan:

Löwenzahn und Raden,
Klee und Rosmarin.
Lenk es, Gott, in Gnaden
nach der Heimat hin.

Das ist deine Stille.
Ja, ich hör' dich schon.
Salbei und Kamille,
Thymian und Mohn,

und schon halb im Schlafen
– Mohn und Thymian –
landet sacht im Hafen
nun der Nachen an.

Josef Weinheber (1892–1945)

Eine Blumenwiese, Leben in all seiner Blühkraft, auch in seiner Heilkraft. Und nur angedeutet: ein fernes Ahnen, ein später Tag, die Sehnsucht nach Heimat. Und eine Stille, die schon hörbar ist. Davon spricht das Gedicht von Josef Weinheber.

Eine Sterbekunst für unsere Zeit will nicht von den Rändern des Lebens her entworfen werden, sondern von seiner Mitte her. Nicht aus einem Mangel heraus, sondern aus einer Fülle, nicht aus einem *„Müssen"* heraus, sondern aus einem *„Wollen"*. Ich will anders sterben. Nicht so unpersönlich, nicht so einsam, nicht so unvorbereitet und nicht so unversöhnt wie das oft geschieht. Hier lohnt sich ein Blick auf unsere zweite Lebenshälfte.

Erinnern Sie sich, liebe Leserin, lieber Leser, an den Augenblick, an dem Sie zum ersten Mal gespürt haben: Ich werde älter? Vielleicht war es in dem Augenblick, als Sie merkten: Eine Nacht durchmachen und am nächsten Morgen der Arbeit nachgehen, so als ob nichts gewesen wäre, nein, das geht nicht mehr! Das bisschen Müdigkeit, das da auftaucht, einfach wegstecken, locker wegstecken so wie früher einmal, diese Zeiten sind vorbei!

Vielleicht waren es die Tage, als Sie den anhaltenden Schmerz im Rücken oder im Nacken gespürt haben. Sonst genügten immer ein paar Dehnübungen und – schlimmstenfalls – zwei Aspirin und alles war wieder in Ordnung. Aber diesmal funktionierte das nicht mehr. Der Hausarzt schickte Sie zum Orthopäden und der sah sich lange die Röntgenaufnahme an: *„Tja, Sie werden damit leben müssen!"*

Oder war es der Moment, an dem zum ersten Mal im Bus oder in der Tram ein Jugendlicher vor Ihnen aufgestanden ist und Ihnen seinen Platz angeboten hat: *„Wollen Sie sich setzen?!"* Ein verlegenes Lächeln vielleicht, ein verstohlenes Umherblicken und der Gedanke: *„Was, meint der mich? Seh' ich denn schon so aus, als ob ich einen Sitzplatz nötig hätte?"*

4.1 Niedergang und Verfall?

Älter werden, für einen 20-Jährigen ist das noch kein Thema, in aller Regel jedenfalls nicht. Bei einem 30-Jährigen taucht vielleicht einmal der Gedanke auf: *„Junge, wie doch die Zeit vergeht!"* Aber in diesem Alter verweilt man nicht länger dabei, sondern geht lachend weiter. Mit Vierzig kann aus dem Lachen schon ein Seufzen werden. Die Jugend des Lebens liegt hinter uns. Wir haben jetzt eine Vergangenheit und wir haben eine Zukunft, in der nicht mehr alles möglich ist. Mit Fünfzig beginnt man zu begreifen, dass das Leben vergänglich ist. Oft ist dies mit einer großen Unruhe verbunden. Fragen drängen sich auf: Wo bin ich angekommen? Wo stehe ich und wohin soll es noch gehen? Dann sechzig, siebzig, vielleicht achtzig. Das Leben neigt sich dem Ende entgegen. Und dann?

Nicht jeder und nicht jede bringt den Humor auf, der mir bei einem Hausbesuch begegnete. *„Wenn man über fünfzig ist und hat kein Zipperlein, dann ist man nicht mehr gesund."* Oder noch ein bisschen drastischer, aus dem Mund einer alten Dame: *„Wissen Sie, wenn ich aufwache und es tut mir nichts weh, dann weiß ich, ich bin tot!"*

Die zweite Lebenshälfte: Im Jahr 1920 führte das preußische Altersgrenzengesetz eine allgemeine Altersgrenze von 65 Jahren ein, aus finanziellen Gründen, aber auch um einer Überalterung der Verwaltung entgegenzuwirken. Ob dieses Gesetz heute noch durchsetzbar wäre?

Fakt ist: Unsere Lebenserwartung steigt Jahr für Jahr um zwei bis drei Monate. Menschen jenseits der Hundert sind die am schnellsten wachsende Altersgruppe. In den meisten Industrienationen verdoppelt sich die Zahl der Hundertjährigen in jedem Jahrzehnt. Das Alter umfasst inzwischen eine Spanne von 25 bis 30 Jahren. Man spricht vom *„jungen Alter"* und meint die Lebenszeit zwischen 60 und 80. Danach kommt erst das *„hohe Alter"*. Gibt es überhaupt eine Altersgrenze? Vorsichtige Schätzungen nehmen an, dass sie bei einem Durchschnittsalter von 100

Jahren liegt. Manche Wissenschaftler halten das für Kleinmut und behaupten, bald schon würden wir 150 Jahre oder noch älter werden.

Wie auch immer, es geht um eine lange Lebensphase. Dennoch, ein gelingendes Altern scheint schwer zu sein. Wie ich mich im Alter fühle, das hängt freilich nicht zuletzt von dem Bild ab, das ich mir selbst mache. Wie sieht dieses Bild aus? Wie sehe ich mich selbst? Wie erlebe ich mich selbst? Wie denke ich von mir selbst? Für viele bedeutet Älterwerden soviel wie Niedergang, wie Leiden und Verfall. Da gibt es im Leben ein paar gute Jahrzehnte und dann geht es bergab. Ist es so?

Herausforderung Lebenszeit

„*Die Lebenszeit*" heißt ein Märchen der Gebrüder Grimm. Als Gott der Herr die Welt erschuf, da gaben ihm drei Geschöpfe etwas von ihrer Lebenszeit zurück. Der Esel gab ihm 18 Jahre zurück, der Hund zwölf und der Affe zehn Jahre. Nur der Mensch bestand darauf, statt der ihm zugedachten 30 Jahre unbedingt 70 Jahre alt zu werden. Er drängelte und quengelte. Schließlich und um des lieben Friedens willen ließ Gott sich überreden. Nach der erquicklichen Jugendzeit schenkte er ihm die 18 Jahre des Esels zur Arbeit dazu, dann die zwölf Jahre des Hundes zum Knurren und Zähneverlieren und schließlich die zehn Jahre des Affen. Das Märchen endet so:

Also lebt der Mensch siebzig Jahre. Die ersten dreißig sind seine menschlichen Jahre, die gehen schnell dahin; da ist er gesund, heiter, arbeitet mit Lust und freut sich seines Daseins. Hierauf folgen die achtzehn Jahre des Esels, da wird ihm eine Last nach der anderen auferlegt. Dann kommen die zwölf Jahre des Hundes, da liegt er in den Ecken, knurrt und hat keine Zähne mehr zum Beißen. Und wenn diese Zeit vorüber ist, so machen die zehn Jahre des Affen den Beschluss. Da ist der Mensch schwachköpfig und närrisch, treibt alberne Dinge und wird ein Spott der Kinder.

Ist es so? Zweifellos gibt es erniedrigende, demütigende Auffassungen vom Älterwerden. Von *„Altersrassismus"* gar spricht Frank Schirrmacher. So als ob Älter werden immer hieße, schwach, müde und hinfällig zu sein und den anderen zur Last zu fallen. Von solchen Klischees ist es kein allzu großer Schritt zu der Forderung eines Euripides: *„Sie sollten, da sie doch keinen Nutzen mehr der Erde bringen, sterben und fortgehen und den Jungen nicht mehr im Weg stehen."*

Solche Stimmen und Stimmungen werden heute, angesichts der demographischen Entwicklung, wieder laut und sie dürften in den kommenden Jahren noch an Lautstärke gewinnen. Das ist schlimm genug. Schlimm wird es aber vor allem dann, wenn Menschen solche Anschauungen und Einstellungen für sich selbst übernehmen, in ihr eigenes Selbstbewusstsein einbauen und sich dann selbst so betrachten und behandeln.

Aber da ist kein Automatismus. Ich kann mich entscheiden, an welchen Stimmen ich mich ausrichten will und an welchen nicht. Kann wählen, welche Bilder ich aufnehmen möchte und welche nicht. Schwierig wird es erst, wenn ich diese Entscheidungs- und Wahlfreiheit aufgebe. Dann erst werde ich empfänglich für Stimmen und Bilder, die mir nicht gut tun.

Blühen, fruchtbar und frisch sein

Zum *„Altersrassismus"* gibt es eine Alternative, ein Kontrastprogramm zu jener Legende vom Esel und vom Hund und vom Affen. Sie findet sich im Buch der Bücher. Eine Strophe mit ganz anderen Bildern: *„Wenn Menschen auch alt werden, werden sie doch blühen, fruchtbar und frisch sein"* (Psalm 92,15). Blühen, fruchtbar und frisch sein – das Älterwerden will eine erfüllte Lebenszeit sein, eine sinnvolle und schöpferische Lebenszeit. Die Frage aller Fragen lautet: Wie kann ich Blühkraft in mein Leben bringen, wie Fruchtbarkeit, wie Frische?

Wie sieht es in meinem Beruf aus? Für viele ist da ein großer Schatz an Lebenserfahrung gewachsen, auf den sie sich verlassen können und der ihnen auch in schwierigen Situationen hilft. Gibt es daneben auch noch genügend Herausforderungen? Aufgaben, die uns jung und frisch halten? Oder wollen hier neue Akzente gesetzt werden?

Wie sieht es in meiner Familie aus, in meiner Partnerschaft? Sicherlich ist mir vieles vertraut, vieles lieb geworden. Ich schätze es sehr und möchte es nicht mehr missen. Gibt es daneben auch eine ungute Routine, die sich eingeschlichen hat? Ist manches zu starr, zu fraglos geworden? Wünsche ich mir mehr Leben ins Leben?

Wie sieht es mit außerfamiliären Kontakten aus, mit Freundinnen und Freunden? Gibt es genügend Kontakte zu meinesgleichen, schöpferische Kontakte? Gibt es auch genügend Kontakte zu älteren oder jüngeren Menschen? Gibt es einerseits genügend Bestätigung, aber andererseits auch Auseinandersetzung mit ganz anderen Lebensentwürfen?

„Wenn Menschen auch alt werden, werden sie doch blühen, fruchtbar und frisch sein." Eines ist ermutigend: Heute sind viele Voraussetzungen dafür gegeben, dass sich das Psalmwort erfüllen kann. Im markantem Unterschied etwa zu jener Zeit, als es aufgeschrieben wurde. Es hat sich inzwischen unwahrscheinlich viel zum Guten verändert.

In unserem Land leben ältere Menschen heute, darin sind sich die Fachleute einig, gesünder denn je. Sie sind besser ausgebildet denn je und sie sind beweglicher denn je. Dreiviertel der 75-Jährigen, so die Statistik, sind in ihrem Alltagsleben gar nicht oder kaum eingeschränkt. Es wird nicht mehr allzu lange dauern, so die Prognose, und dasselbe wird auch für die 80-Jährigen gelten. Eine neue Altersgrenze entsteht! Erst danach sind Menschen zunehmend auf Hilfe angewiesen. Aber selbst die Mehrheit der 90-Jährigen ist heute nicht mehr siech oder leidend oder ans Bett gefesselt.

Entgegen der landläufigen Meinung sind ältere Menschen im großen und ganzen auch zufrieden. Sie sind lebenslustiger und unternehmungsfreudiger als ihre Eltern und ihre Großeltern. Sie stehen auch finanziell weit besser da. Vor 30 Jahren noch gehörten die Älteren eindeutig zur Gruppe der Armen. Heute nehmen sie in der Armutsskala den letzten Platz ein. Die Haushalte der 60- bis 70-Jährigen besitzen das höchste frei verfügbare Pro-Kopf-Einkommen in Deutschland. Und sie geben es aus. Für Fahrten, für Reisen, für Kultur, für Sport, für Aktivitäten aller Art. Blühen, fruchtbar und frisch sein – das ist heute leichter geworden als früher. Gott sei Dank!

Ich weiß, sehr schnell entsteht an dieser Stelle ein Vorurteil. Sieh mal einer an, unsere glücklichen Seniorinnen und Senioren! Die jungen Alten, wie man sie ja auch nennt, oder die neuen Alten: fit, berstend vor Leben und immer gut drauf! Das goldene Alter!

In diesem Vorurteil ist kein Platz für die anderen Erfahrungen, für die Belastungen, mit denen manche ältere Menschen fertig werden müssen. Für die Einsamkeitsgefühle, die immer wieder auftauchen. Viele spüren vor allem die gesundheitlichen Einschränkungen, spüren den Verlust an Kompetenz und sozialer Bedeutung. Es ist kein Zufall, dass die Suizidrate bei Menschen über 60 Jahren kontinuierlich ansteigt, während sie sonst sinkt. Es ist kein Zufall, dass jede zweite weibliche Selbsttötung von einer Frau über 60 begangen wird. Es gibt eine Schattenseite, die nicht übersehen werden darf, wenn wir darauf hinweisen, dass viele ältere Menschen selbstständig und zufrieden leben.

Vorbilder

Ich hatte Ihnen von Hella erzählt, von einer Frau, die unter den zunehmenden Beeinträchtigungen des Alters litt, aber daraufhin nicht mit Resignation, sondern mit Kreation antwortete. Sich das Beispiel solcher Menschen ins Gedächtnis zu rufen, hilft wohl mehr als alle theoretische Erwägungen und Statistiken.

Ich erinnere an die großen alten Menschen der letzten Jahrzehnte, denen unsere Welt so viel verdankt. Die meisten von ihnen reiften erst in ihren späten Jahren zu den Vorbildern heran, als die wir sie in Erinnerung behalten werden. Vielleicht auch deswegen, weil sie dann nicht mehr so vom persönlichen Ehrgeiz ausgefüllt waren, weil es keinen Dünkel mehr gab, keine Eitelkeit, kein Vergleichen mit anderen, weil auch die vielen Erwartungen und Zwänge von außen nachließen.

Ich erinnere an Itzhak Rabin (1922–1995), den israelischen Ministerpräsidenten, der sein Leben für die Versöhnung mit den Arabern aufs Spiel setzte und – verlor. Den ehemaligen Feinden, die er im Sechstagekrieg noch als Generalstabschef besiegt hatte, streckte er seine Hand zum Zeichen des Friedens entgegen.

Ich erinnere an Nelson Mandela (geb. 1918), Anführer gegen das Apartheidregime in Südafrika. Im Alter, nach einer langen Haftstrafe, befreite er sein Volk. Und er tat es ohne Blutvergießen. Ohne den Rachefeldzug, den alle für unausbleiblich gehalten hatten.

Ich erinnere an Jimmy Carter (geb. 1924), den ehemaligen amerikanischen Präsidenten. In seiner Amtszeit wurde er als Erdnussfarmer verspottet und als politisches Leichtgewicht verlacht. Im Alter wurde er zum Friedensstifter in Nordkorea, in Haiti, in anderen Weltregionen und erhielt dafür den Nobelpreis.

Ich erinnere an Horst-Eberhard Richter (geb. 1923). Er baute die Organisation der Ärzte gegen das Atomrüsten auf. Viele von uns erinnern sich noch an die aufrüttelnde Parole *"Wir werden euch nicht helfen können"*. Jetzt, mit 80 Jahren, engagiert er sich in der Bewegung *"Attac"*, die für mehr Gerechtigkeit und Fairness auf unserem Globus eintritt.

Ich erinnere an Marcel Reich-Ranicki. Im Juni 1920 wurde er geboren. Der 18-Jährige wurde nach Polen deportiert und erfuhr die Schrecken des Warschauer Ghettos. Seine Eltern, sein Bruder, seine Schwiegereltern wurden ermordet. 1958 kehrte er nach Deutschland zurück. Der brillante Kritiker entwickelte sich mehr und mehr zur literarischen Instanz. Respektiert und geliebt, verehrt und gefürchtet. Kurz vor seinem 80sten Geburtstag erschienen seine Erinnerungen vom Leben und Überleben. Dieser Band, *„ Mein Leben"*, gehört zum Beeindruckendsten, was um die Jahrtausendwende veröffentlicht wurde.

Ich erinnere an die großen Alten der Geschichte. Wer nach Leitbildern sucht, wird überall fündig. Michelangelo Buonarotti, Bildhauer und Baumeister, Maler und Dichter, der bedeutendste Künstler des 16. Jahrhunderts, wurde 89 Jahre alt. Der italienische Komponist Guiseppe Verdi, dessen Opern Marksteine der europäischen Musikgeschichte darstellen, wurde 88 Jahre alt. Johann Wolfgang von Goethe, Deutschlands Dichterfürst, starb mit 83 Jahren. Thomas Mann, einer der ganz Großen des letzten Jahrhunderts wurde 80 Jahre alt. Alle hinterließen der Welt unvergängliche Kunstwerke, die sie auch noch in der letzten Phase ihres Lebens geschaffen hatten. Abgeklärter, ruhiger, gelassener, reifer als vorher.

Die Stimmen der Alten, Stimmen, die auf Dialog, auf Ausgleich, auf Verständigung dringen. Mutmachgeschichten entstehen um sie herum, Beispielgeschichten. Auch wenn man nicht zu den Großen dieser Welt gehört, Gelegenheiten zur Leidenschaft und zum Engagement gibt es für jeden und für jede von uns. *„Wenn Menschen auch alt werden"*, heißt es im 92. Psalm, *„werden sie dennoch blühen, fruchtbar und frisch sein."*

4.2 Lebensaufgaben

Blühkraft, Fruchtbarkeit, Frische, nicht Niedergang und Verfall sind der Hintergrund, von dem aus wir an einer Sterbekunst für heute weiter arbeiten wollen. Aus der Fülle unserer Möglichkeiten heraus wollen wir es tun und nicht aus dem Zu-Ende-Gehen unserer Möglichkeiten heraus. Es geht um eine Kunst des Sterbens und nicht, auf keinen Fall, um ein Absterben. Eine Sterbekunst, ein schöpferischer Impuls, der unsere Fantasie und Gestaltungsfreude verlangt.

„Wenn Menschen auch alt werden, werden sie dennoch blühen, fruchtbar und frisch sein." Wie können wir dieses alte Wort mit neuem Leben füllen, sodass wir das Wissen und die Erfahrungen unserer Zeit aufnehmen? Ich skizziere drei Antworten. Sie kommen von Autoren, die sich besonders mit der Frage nach dem Sinn, nach dem Weg und nach dem Ziel des Lebens beschäftigt haben.

Individuation – Selbstwerdung (C. G. Jung)

Der Schweizer Psychiater und Psychotherapeut Carl Gustav Jung (1875–1961) spricht von *„Individuation"*, von *„Selbstwerdung"*. In der ersten Lebenshälfte, so Jung, sind wir nach außen orientiert. Wir schließen unsere Ausbildung ab, ergreifen einen Beruf und erklimmen die Stufen unserer Berufslaufbahn. Viele suchen und finden in dieser Zeit einen Lebensgefährten oder eine Lebensgefährtin und gehen eine Partnerschaft ein. Viele gründen eine Familie. Sie bauen ein Haus oder richten sich eine Wohnung ein. In all dem formt sich auch unsere Persönlichkeit heraus und entwickelt ihren Stil, sich im Leben zurechtzufinden. Jung spricht von der *„Initiation in die äußere Wirklichkeit"*.

Um die Lebensmitte herum ist dann vieles von dem, was wir uns vorgenommen haben, getan und erledigt. Die Partnerschaft hat an Sicherheit gewonnen oder aber sie ist auseinander gegangen. Vielleicht ist eine neue Partnerschaft an ihre Stelle getreten. Die Kinder sind meist mit ihrer Ausbildung fertig und gehen aus dem Haus. Die Wohnung ist langsam abbezahlt. Und im Beruf hat man in etwa die Stellung erreicht, die man erreichen konnte.

Jetzt bedarf es eines neuen Impulses, damit das Leben seine Spannkraft behält, damit sich nicht Leere und Langeweile einnisten. Unsere Schaffenskraft soll bewahrt werden und die Freude am Leben. Wir wollen aufmerksam und lebendig bleiben. Der Impuls dazu kommt nicht mehr so sehr von außen, sondern von innen. Jung nennt dies die *„Initiation in die innere Wirklichkeit"*. Es geht um eine Vertiefung und Erweiterung unserer Persönlichkeit, um eine Vervollständigung und Abrundung. In dem allen geht es auch um ein Stück Vorbereitung auf den Tod. Es ist ein Wandlungs- und Reifungsweg, fort von allem Kleinen und Kleinlichen, hin zur Ganzheit, zur Mitte, zum inneren Kern unseres Menschseins, zum Selbst. Es ist ein Weg, der meist unbewusst abläuft, der aber einerseits aufgehalten und verbogen, andererseits aber auch angeregt und befördert werden kann.

Die zweite Lebenshälfte kann aufregend werden, eine Entdeckungszeit. Ich entdecke Seiten, die ich bisher vernachlässigt habe. Meine musische Seite vielleicht. Der eine entdeckt ein Instrument, das lange Jahre, vielleicht Jahrzehnte, in der Ecke gestanden war. Mag sein, dass es früher gerade für ein paar Griffe oder Akkorde reichte. Jetzt entsteht eine neue Begeisterung. Einmal etwas Anspruchsvolles erarbeiten und zum Besten geben!

Andere entdecken ihre literarische Begabung. Sie beginnen zu schreiben, mühsam zunächst, aber dann mit immer mehr Freude an dem, was sie in den Computer geben. Viele entdecken Seiten, derer sie sich bisher gar nicht bewusst waren. Harte Männer, hart und unnachgiebig auf ihrem bisherigen Weg, lassen ihre weiche, ihre mitfühlende Seite zu. Sie leisten sich Gefühle, leisten sich Träume, leisten sich Tränen. Frauen blühen im Beruf auf, entdecken, dass sie führen und leiten und sich durchsetzen können, auch gegen Widerstände.

Selbstwerdung – das ist auch eine Frage nach den Wurzeln und ihrer Kraft. Wovon lebe ich? Was hält mich, auch wenn sich meine Leistungskurve langsam neigt? Was trägt mich? Welche Werte leiten mich? Wie sieht die Person aus, die sich im Nachmittag, vielleicht auch im Spätnachmittag des Lebens befindet und langsam auf den Abend zugeht? Was ist ihr wichtig, woran ist sie erkennbar und wofür steht sie ein?

Integration – Versöhnung (Erik Erikson)

Eine zweite Antwort kommt von Erik Erikson (1902–1994), einem amerikanischen Psychologen, der in den 60er Jahren des letzten Jahrhunderts den menschlichen Lebenszyklus als eine Reihe von Stadien beschreibt. Sein Stichwort für die zweite Lebenshälfte heißt „*Integrität*". Man könnte es mit „*Versöhnung*" übersetzen. Ein Kernsatz: „*Es bedeutet die Hinnahme dieses unseres einmaligen und einzigartigen Lebensweges als etwas Notwendigem und Unersetzlichem.*"

Versöhnung: Viele Menschen verbringen die erste Lebenshälfte im Streit mit sich selbst. Ich möchte anders sein. Ich möchte anders aussehen, möchte anders fühlen, anders denken, anders handeln. Integrität heißt, Ja sagen zu der Person, die ich nun einmal bin, einzigartig und unverwechselbar, heißt, mich so, wie ich nun einmal bin, wertschätzen.

Viele verbringen die erste Lebenshälfte damit, sich an ihren Eltern zu reiben. Sie wünschen sich andere Eltern und wenn das schon nicht geht, dann sollten sich die Eltern doch wenigstens ändern. Jetzt, so Erikson, gilt es Ja zu sagen zu den Eltern, die wir haben, zu ihren Schwächen, zu ihren Stärken, zu ihren Grenzen. Sich mit den Eltern versöhnen, auch mit all dem, was sie falsch gemacht haben, mit all dem, was verkehrt gelaufen ist. Wir müssen uns nicht ein Leben lang daran wund scheuern.

Wo das gelingt, taucht ein Gefühl von Verbundenheit auf, nicht nur mit dem, was nahe ist, sondern auch mit dem, was auf der weiten Welt passiert. Auch das hat etwas mit mir zu tun. Ich bin ein Teil des Ganzen und das Ganze ist ein Teil von mir. Es beglückt mich, wenn Leben gelingt, auch in der Ferne gelingt. Es besorgt mich und bekümmert mich, wenn Leben zerbricht. Ich freue mich, wenn es auch meinem fernen Nächsten gut geht, und es schmerzt mich, wenn ich von Ungerechtigkeit und Leid höre.

Viele verbringen die erste Lebenshälfte damit, ihre Kinder ändern zu wollen. Meine Kinder sollten sich anders benehmen, sich anders kleiden, sollten einen anderen Beruf ergreifen oder eine andere Partnerschaft wählen. Dann tobt dieser Kleinkrieg hin und her, der allen das Leben schwer macht. Ein ständiges Aneinander-herum-Mäkeln. Jetzt gilt es Ja zu sagen zu unseren Kindern. So, wie sie nun einmal sind, mit ihren Fehlern, mit ihren Mängeln, genauso wie mit ihren Stärken und Begabungen. Sie annehmen und ihnen die Verantwortung für ihr eigenes Leben zutrauen.

Albert Schweitzer hat auf dem Hintergrund des ersten Weltkrieges, mit all seinen Schrecken und all seinem Leid, gesagt: *„Ich bin Leben, das leben will in der Mitte von Leben, das leben will."* Ein Wort, das sehr schön zu Eriksons Versöhnungsgedanken passt, das In-das-Leben-eingebettet-Sein fühlen, die Liebe zu den Mitgeschöpfen, zu Blumen, Bäumen, Tieren, den Wolken, zu den Sternen am nächtlichen Himmel. Ein Gefühl der Verbundenheit und eine Liebe, die nicht mehr besitzen will, sondern sich nur noch freuen, sich freuen und Sorge tragen, dass diese Schöpfung bewahrt bleibt.

Loslösung (Romano Guardini)

Eine dritte Antwort kommt von Romano Guardini (1885–1968). Sie klingt sehr schlicht, sehr einfach. Der ehemalige Münchner Ordinarius für Christliche Weltanschauung und Religionsphilosophie spricht von *„Loslösung"*. Er bringt damit etwas auf den Punkt, was auch bei C. G. Jung und bei Erik Erikson mitschwingt, gibt ihm aber noch einmal eine eigene Betonung.

Guardini warnt vor einem *„Altersmaterialismus"*, der Menschen so rasch ergreifen kann. Dann bekommen die Dinge, die uns umgeben, ein Übergewicht. Die Wohnung, das Essen und Trinken, das Bankkonto, der Fernseher, der Garten, der Mittagsschlaf, selbst der bequeme Sessel: *„Der senile Eigensinn entwickelt sich, die Geltungssucht, das Tyrannisieren der Umgebung, welches die anderen quält, um daraus das Gefühl zu ziehen, man sei noch etwas."* Es ist der nörgelnde Alte, der alle nervt und vor dem man nur das Weite suchen kann.

Loslassen lernen heißt die Aufgabe in der zweiten Lebenshälfte: den Neid gegenüber der Jugend loslassen, die Eitelkeit loslassen, das Geltungsbedürfnis loslassen, das Misstrauen gegenüber allem Neuen oder das Gejammere über die Schlechtigkeit der Welt. Annehmen, dass ich älter werde, mich damit versöhnen, auch damit, dass ich nicht mehr so jugendlich-attraktiv aussehe, mich nicht mehr so dynamisch geben kann. Annehmen, dass es manchmal zwickt und zwackt, dass manches schwer fällt, was früher nie ein Problem war. Einschränkungen annehmen, Unzulänglichkeiten annehmen, das andere Tempo, den anderen Rhythmus, den anderen Schritt, Grenzen annehmen.

Wenn das gelingt, dann entsteht ein neues Lebensbild mit ganz eigenen Werten und einem ganz eigenen Charme. Es ist geprägt von Einsicht und Mut, von Gelassenheit und Selbstachtung. Es sagt Ja zu dem, was man gelebt und geschaffen und verwirklicht hat. Guardini nennt es – eine Erinnerung an den 90. Psalm – das Lebensbild des *„Weisen Menschen"*.

Drei Autoren, drei Entwürfe: Individuation, Integrität, Loslösung. Das ist jetzt nicht, noch einmal sei es hervorgehoben, der Weg in die Passivität oder in die Innerlichkeit. Es geht nicht um Rückzug in die eigenen vier Wände, auch nicht um Rückzug in die eigene Seele. Im Gegenteil: Diese Zeit kann zu einem ganz neuen Engagement führen. Je begrenzter die eigene Lebenszeit ist, desto tiefer wächst manchmal das Verantwortungsgefühl. Je kürzer die eigene Lebensstrecke, desto stärker das Interesse für größere Zusammenhänge. Je verletzlicher das eigene Befinden, desto feiner Verständnis und Mitgefühl für andere.

4.3 Schritte zur Reife

Vielleicht haben Sie Lust, sich an dieser Stelle selbst ins Spiel zu bringen. Ich denke an drei Übungen zur eigenen Biographie, an die *„Lebensuhr"*, an den *„Lebensbaum"* und an die

„*Lebenslinie*". Wenn Sie möchten, dann nehmen Sie sich Zeit, Zeit, in der Sie ungestört sind, und einen Ort, an dem Sie sich gut und bequem niederlassen können.

Vorher noch eine Bitte: Wenn wir unseren Blick nach Innen richten, wenn wir ein Wegstück unserer Biographie betrachten, dann können wir das ganz unterschiedlich tun. Viele tun es streng und kritisch. Herauskommt eine Erfahrung, die leicht zur Selbstverurteilung führt, mehr noch, zur Selbstquälerei. Ich sehe dann nur die Defizite in meinem Leben, den Mangel, die Enttäuschungen. Ich fühle mich einsam und elend. Das ist nicht der Sinn der Übung.

Der Sinn der Übung liegt in dem, was Jung, Erikson und Guardini auf je ihre Weise beschrieben haben. Es geht um eine Begegnung mit mir selbst, mit meinem Weg, mit meiner Geschichte, mit meinen Träumen. Es geht um Integration und Versöhnung und Heilwerden. Es geht darum, dass ich Ja sagen kann zu der Person, die ich nun einmal geworden bin, mit all ihren schönen und schweren Erlebnissen, mit all ihrem Glück und all ihren Schmerzen.

Freundlich

Deswegen ist so wichtig, wie ich in diese Begegnungszeit hineingehe. Meine Bitte ist, dass Sie freundlich hineingehen, freundlich mit sich selbst, freundlich mit Ihrer Zeit, freundlich mit Ihrer Kraft, freundlich auch mit Ihren Grenzen.

„*Es ist erschienen die Freundlichkeit Gottes*", lautet ein Wort aus dem Titusbrief. Wie kaum ein anderes bringt es auf den Punkt, worum es geht. Über meinem Leben steht eine große Freundlichkeit. In meinem Leben liegt eine große Freundlichkeit. Ich bin umgeben von einer großen Freundlichkeit.

Ich weiß, dass es genügend Anlass für ganz andere Erfahrungen gibt. Für Missgunst und Raffgier und Groll und Neid. So ist es. Aber mir bleibt die Freiheit – und im nächsten Kapitel werde ich ausführlicher darauf eingehen –, mir bleibt die Freiheit, worin ich mich gründen will. Und ich will mich in der Freundlichkeit gründen, die über meinem Leben steht. Damit dies jetzt nicht nur ein Gedanke bleibt, lade ich Sie zu einer Vorübung ein:

> Setzen Sie sich so bequem wie möglich hin, die Füße am Boden, die Hände ruhen in Ihrem Schoß. Bitte ziehen Sie Ihre Aufmerksamkeit für ein paar Minuten von der Umgebung zurück und spüren Sie nach Innen.
> Nehmen Sie Ihren Atem wahr, das Ein und das Aus, das Ein und das Aus. Und jetzt begleiten Sie Ihre Atembewegung in der Stille mit den Worten *„Freundlich atme ich ein"* und *„Freundlich atme ich aus."* Eine paar Atemzüge lang *„Freundlich atme ich ein"* und *„Freundlich atme ich aus"*.
> Dann lassen Sie es ausklingen. Strecken und dehnen Sie sich durch. Sie gehen aus dieser Atemerfahrung heraus, bewahren sich aber diese Freundlichkeit für die folgenden Übungen.

Bitte wählen Sie sich von den drei Übungen die, die Sie ganz spontan und als Erstes anspricht. Nehmen Sie sich dafür Zeit und Ruhe. Lassen Sie die Bilder und Gedanken kommen, verweilen Sie darin und lassen Sie sie auch wieder gehen. Und dann kommt ein neuer Tag oder eine neue Stunde und Sie nehmen sich vielleicht eine andere Übung vor. Wie auch immer, denken Sie an die Freundlichkeit, die auch über dieser Erfahrung stehen will. Über jedem einzelnen Schritt.

Die Lebensuhr

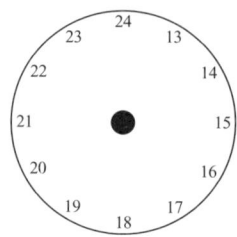

Bitte überlegen Sie sich:
Wie spät ist es in meinem Leben?
Stehe ich am Mittag meines Lebens, am Nachmittag, am Vorabend, am Abend?
Wo möchte ich die Zeiger eintragen, sodass es für mich stimmt?
Wie geht es mir, wenn ich dies getan habe? Welches Gefühl, welche Empfindung kann ich benennen? Zum Beispiel: Nachdenklichkeit, Traurigkeit, Gelassenheit usw. Wie heißt mein Wort? Vielleicht mein erstes, dann mein zweites oder auch drittes Wort?

Bitte beenden Sie die folgenden Satzanfänge:
Es ist zu spät, um ...
Es ist noch zu früh, um ...
Es ist der richtige Zeitpunkt, um ...
Ich brauche Zeit, um ...

Bitte kommen Sie jetzt in ein Gespräch mit sich selbst. Welche Stimmen und welche Stimmungen nehmen Sie wahr?

Bitte gehen Sie bewusst aus der Übung heraus.
Lassen Sie es ein wenig nachschwingen und setzen Sie dann einen Schlusspunkt. Zum Beispiel mit der Atemerfahrung: „Freundlich atme ich ein", „freundlich atme ich aus". Mit einem Räkeln, Strecken, Dehnen, mit einem Spaziergang oder mit was auch immer Ihnen jetzt gut tut.

Der Lebensbaum

Bitte überlegen Sie sich:
Wo liegen meine Wurzeln?
Was hat mich geprägt?
Welche Menschen? Welche Ereignisse?

Welche Früchte hat mein Leben getragen?
Welche Früchte sind ausgeblieben?
Wie waren die Erntezeiten?

Auf welche Früchte warte ich noch?
Was steht noch aus?
An Lernen, an Wandlung, an Reifung?

Bitte kommen Sie jetzt in ein Gespräch mit sich selbst. Welche Stimmen und welche Stimmungen nehmen Sie wahr?

Bitte gehen Sie bewusst aus der Übung heraus.
Lassen Sie es ein wenig nachschwingen und setzen Sie dann einen Schlusspunkt. Zum Beispiel mit der Atemerfahrung: „Freundlich atme ich ein", „freundlich atme ich aus". Mit einem Räkeln, Strecken, Dehnen, mit einem Spaziergang oder mit was auch immer Ihnen jetzt gut tut.

Die Lebenslinie

☐————————————————————☐

Bitte tragen Sie in das linke Kästchen Ihr Geburtsjahr ein, in das rechte das Jahr heute. Benennen Sie dann über der Linie mit einem Zeichen, etwa einem Ausrufezeichen, schöne Erfahrungen in Ihrem Leben, alles, was Ihnen so einfällt. Unter der Linie tragen Sie, etwa mit einem Fragezeichen, schwere Lebenserfahrungen ein.

Bitte rufen Sie sich diese Lebenserfahrungen nochmals ins Gedächtnis:
Wie geht es mir heute mit meinen Lebenserfahrungen?

Was kann ich lassen?
Was arbeitet noch in mir?
Wie könnte ich es lassen lernen?

Wer waren die wichtigsten Menschen für mich?

Wem möchte ich danke sagen?
Wem möchte ich verzeihen?
Wem möchte ich sagen: Vergib mir?

Was steht noch an, damit ich versöhnt weitergehen kann?

Bitte kommen Sie jetzt in ein Gespräch mit sich selbst. Welche Stimmen und welche Stimmungen nehmen Sie wahr?

Bitte gehen Sie bewusst aus der Übung heraus.
Lassen Sie es ein wenig nachschwingen und setzen Sie dann einen Schlusspunkt. Zum Beispiel mit der Atemerfahrung: „Freundlich atme ich ein", „freundlich atme ich aus". Mit einem Räkeln, Strecken, Dehnen, mit einem Spaziergang oder mit was auch immer Ihnen jetzt gut tut.

Reife

Eine Freundin, die an einem Tumor erkrankt war, erzählte mir, dass sie diese Zeit anfangs als *„Schreckenszeit"* erlebt habe. Voller Angst und Empörung und Trauer. Aber sie habe Menschen an ihrer Seite gehabt, die sie darin verstanden und angenommen hätten. Jetzt sei sie weiter. Sie hadere jetzt nicht mehr mit ihrem Geschick. *„Ich habe ganz viel Zeit nachzudenken. Ich versuche loszulassen, was nicht mehr möglich ist, und herauszufinden, was noch ansteht."* Dann zeigte sie mir ein Faltblatt, das ihr jemand mitgebracht hatte. *„Schritte zur Reife"* stand darüber.

- *Reife ist die Fähigkeit, mit Enttäuschungen umzugehen, seinen Zorn beherrschen und Meinungsverschiedenheiten ohne Gewalt oder Zerstörung regeln zu können.*
- *Reife ist Geduld. Sie ist die Bereitschaft, Befriedigung aufzuschieben und zugunsten eines langfristigen Nutzens auf den unmittelbaren Genuss oder Gewinn zu verzichten.*
- *Reife ist Beharrlichkeit, ist die Gabe, allen Widrigkeiten und Rückschlägen zum Trotz ein Vorhaben durchzuziehen oder eine schwierige Situation zu meistern.*
- *Reife ist Selbstlosigkeit, ist die Fähigkeit, auch auf die Bedürfnisse anderer einzugehen.*
- *Reife ist die Gabe, auch angesichts von Chaos ruhig zu bleiben. Nicht nur für uns selbst, sondern auch für die Menschen, mit denen wir zusammenleben.*
- *Reife bedeutet, eine unangenehme Ansicht vertreten zu können, ohne dabei unangenehm zu sein.*
- *Reife ist Demut. Ein reifer Mensch kann zugeben, dass er unrecht gehabt hat. Er ist auch in der Lage zu sagen: „Es tut mir Leid." Und wenn er recht behält, hat er es nicht nötig zu betonen: „Ich hab's dir ja gleich gesagt!"*
- *Reife bedeutet Verlässlichkeit, Integrität und Zuverlässigkeit. Unreife Menschen haben für alles eine Ausrede.*
- *Reife ist die Fähigkeit, mit dem in Frieden zu leben, was wir nicht ändern können.*

Königin Gwendolen im Bett, Buchmalerei (um 1470/1480)

5. Liebenswert und liebenswürdig

geburt

ich wurde nicht gefragt
bei meiner zeugung
und die mich zeugten
wurden auch nicht gefragt
bei ihrer zeugung
niemand wurde gefragt
außer dem Einen

und der sagte
ja

ich wurde nicht gefragt
bei meiner geburt
und die mich gebar
wurde auch nicht gefragt
bei ihrer geburt
niemand wurde gefragt
außer dem Einen

und der sagte
ja

(Kurt Marti, geb. 1921)

Jede Sterbekunst und jede Lebenskunst weist auf unser Menschenbild zurück. Wie verstehen wir uns? Wie verstehen wir Leben? Wie verstehen wir unser In-der-Welt-Sein? Wer bin ich? Wer sind wir? Wie antworten wir auf die Grundbedingungen unseres Daseins? Zum Beispiel darauf, dass wir vergänglich sind?

5.1 Das große Ja

In der Mitte des christlichen Menschenbildes steht eine Leidenschaft. Das Christentum hält mit Leidenschaft daran fest, dass über unserem Leben ein großes Ja steht. Über meinem Leben, über deinem Leben, über unserem Leben steht ein großes Ja. Ein Ja, das ich mir nicht erst verdienen muss, dessen ich mich nicht würdig erweisen muss, für das ich nicht bezahlen muss, ein bedingungsloses Ja. Es hängt nicht von meiner Attraktivität ab oder von meiner Jugendlichkeit oder von meinem Können oder von meiner Hingabe. Ein Ja steht über meinem Leben, einfach weil ich ein Mensch bin. Ein unbedingtes Ja, das auch in Krankheit und im Sterben gilt.

Ein Ja steht über unserem Leben, auch wenn davon kaum etwas zu erkennen ist. Ich habe ein Jahr meiner klinischen Ausbildung in einem amerikanischen Zuchthaus verbracht, davon ein viertel Jahr im Todesblock. Fast hundert Häftlinge warteten dort auf die Gaskammer. Viele von ihnen wurden wegen unvorstellbarer Grausamkeiten verurteilt. Unaussprechlich. Ich wusste vorher nicht, zu welchen Gewalttaten Menschen fähig sind, wie sehr Menschen einander quälen können, wie viele Schmerzen sie einander zufügen können, wie sehr sie sich erniedrigen könnten. Ich kannte das Wort „*Sadismus*", aber dann auf einmal stand ein Mensch vor mir, dessen ganzes Menschsein Sadismus darstellte.

Unser Glaube hält mit Leidenschaft daran fest hält, dass auch über einem verpfuschten und verkorksten Leben ein großes Ja steht. Auch wenn alles in diesem Leben zerstört ist und nichts, aber auch gar nichts, an dieses Ja erinnert. Für mich stand damit auch fest, dass die Antwort auf dieses Leben und seine Taten nicht einfach „*Gaskammer*" heißen darf.

Ich habe ein zweites Jahr meiner Ausbildung in einer Psychiatrischen Klinik bei New York verbracht. Dabei bin ich täglich schwer kranken Menschen begegnet, Patienten und Patientinnen, die an Schizophrenie litten, an Depressionen, an paranoiden Zuständen, von Stimmen verfolgt und gejagt. Manchmal in einer bizarren Pose vor mir, anscheinend ohne jeden Kontakt zur Wirklichkeit.

„*Lebensunwertes Leben*" nannten es die Nationalsozialisten, kurz und bündig, und mordeten es dahin. Ohne Erbarmen. Unbegreiflich, dass diakonische Einrichtungen in dieser Tötungsmaschine mitmachten. Dass sie völlig vergaßen, dass auch über diesem beschädigten und gezeichneten Leben ein großes Ja steht. Ein uneingeschränktes und bedingungsloses Ja, ein Ja über unserem Leben.

Ich finde es nirgendwo schöner formuliert als in Kurt Martis Gedicht „Geburt", das diesem Kapitel vorangestellt ist. „*Niemand wurde gefragt, außer dem Einen, und der sagte ja.*"

Sich im Ja verwurzeln

Beide, die „*ars vivendi*" und die „*ars moriendi*", gründen in diesem Ja. Die Kunst, zu leben und zu sterben, lebt davon, dass wir uns in diesem Ja verwurzeln. Dies ist leicht gesagt und schwer getan. Warum? Weil dieses Ja gegen allen Anschein gilt und damit ständig infrage gestellt werden kann. Was wir täglich sehen, was wir hören, weist in der Regel in eine ganz andere Richtung. Schlagen Sie eine x-beliebige Tageszeitung auf, hören Sie sich eine x-beliebige Nachrichtensendung an, und Sie werden tausend Gründe finden, die dagegen sprechen, auf jeder Seite und in fast jeder Meldung. Jede Gewalttat, jeder Missbrauch, jeder Drogenhandel, jeder Krieg, jede Landmine, jede Bestechung, jede Folter, jede

Hungersnot spricht dagegen. Wer dieses Ja leugnet, kann tausend Gründe anführen und hat fast alle Argumente auf seiner Seite.

Deswegen ist es so viel leichter, ein großes Nein über dieser Welt anzunehmen und sich in diesem Nein zu verankern. Das hieße dann: Dieses Leben ist nicht lebenswert und schon gar nicht liebenswert. Es ist fremd, es ist abweisend, in ihm kann ich mich nicht willkommen fühlen. Gerade sensible Menschen spüren das Sinnlose und Widersprüchliche dieses Lebens und leiden darunter.

... oder im Nein

Friedrich Nietzsche (1844–1900) hat 1884 ein Gedicht geschrieben, in dem er das Leben als *„Winter-Wanderschaft"* verflucht. Die Welt wird darin als ein Tor geschildert: *„Zu tausend Wüsten stumm und kalt!"* Selten klingt es in der Lyrik so trostlos und verlassen wie in diesen Versen. Die letzte Strophe:

Die Krähen schrei'n
Und ziehen schwirren Flugs zur Stadt:
Bald wird es schnei'n,
Weh dem, der keine Heimat hat.

Über dieser Welt und über dem Leben steht ein großes Nein. Auch der Glaube allein bürgt nicht für das Ja, von dem wir gesprochen haben. Die Verzweiflung an dieser Welt kann stärker sein als jede Zuversicht. *„Ich leugne gar nicht, dass es einen Gott gibt"*, sagt Iwan Karamasow in Fjodor Dostojewskijs großem Roman *„Die Brüder Karamasow"*, der gerade ein paar Jahre früher als Nietzsches Gedicht entstanden war, *„aber diese von ihm geschaffene Welt lehne ich ab. Ich gebe ihm mein Eintrittsbillett in diese Welt zurück."*

In Albert Camus' Roman *„Die Pest"*, 1947 geschrieben, ruft der Arzt Rieux angesichts der furchtbaren Seuche aus:

„Ich werde mich bis in den Tod hinein weigern, die Schöpfung zu lieben, in der Kinder gemartert werden."

Über dieser Welt und über dem Leben steht ein großes Nein. Ist dieser Schluss nicht einfühlbar? Nicht nachvollziehbar? Menschen, die am Zustand der Welt leiden, Menschen, die gegen die Bedingungen des Daseins protestieren – ich empfinde viel Respekt für sie.

Weniger Respekt habe ich für jenen platten Zynismus, der heute fast epidemieartig um sich greift. Einstellungen à la: *„Diese Welt soll der Teufel holen, je eher desto besser."* Oft genug mit dem stummen Zusatz: *„Und bis es soweit ist, werde ich mich bedienen, wo immer und wie immer ich kann."*

Vor einiger Zeit traf ich einen alten Bekannten wieder, den ich seit meiner Schulzeit nicht mehr gesehen hatte. Er präsentierte sich mit allen Insignien eines teuren und aufwändigen Lebens, von der Automarke bis zum Goldschmuck an seinem Körper. Als ich nachfragte, was ihm so viel Erfolg beschert habe, antwortete er – und es klang wie einstudiert –: *„Ein bisschen Sein und viel mehr Schein und am meisten Schwein!"* Dabei wurde mir sehr schnell klar, er meinte nicht Schwein haben, sondern Schwein sein. Wer in dieser Welt weiterkommen will, muss sich wie ein Schwein aufführen! So einfach kann man es sich machen.

Die Entscheidung

Immer wieder, zeitlebens, stehen wir vor der Frage: Worin will ich mich gründen? Worin verankern? Worin verwurzeln? In dem Ja oder in dem Nein? Ist mein Leben, ist alles Leben, von einem Ja getragen oder von einem Nein? Ist es in ein Ja eingebettet oder in ein Nein? Es ist eine fundamentale Entscheidung und eine Weichenstellung. Ganz wörtlich: Sie legt das Fundament für den Entwurf und die Gestaltung eines Lebens. Will ich mich einstimmen in das große Ja oder in das große Nein?

„Ich habe euch Leben und Tod, Segen und Fluch vorge-

legt, dass du das Leben wählst und am Leben bleibst, du und deine Nachkommen", heißt es im 5. Buch Mose. Das Ja wählen, das Leben wählen und darin bleiben, nicht nur für uns selbst: Die Entscheidung wirkt sich aus auf die um uns herum und auf die, die nach uns kommen. Ich kann ihnen Leben oder Sterben weitergeben, Segen oder Fluch.

Ganz viel spricht für das Nein. Der Augenschein – er spricht mehrheitlich für das Nein. Die Argumente – sie sprechen mehrheitlich für das Nein. Ein Nein lässt sich viel leichter begründen als ein Ja. Von daher ahnen wir, welcher seelischen Kraft es bedarf, sich für das Ja zu entscheiden, welcher Energie es bedarf, zu dieser Entscheidung zu stehen und sie immer wieder durchzuhalten. Widerstandskraft bedarf es, Vertrauenskraft, Gestaltungskraft.

Und doch, es gibt dazu keine Alternative, wenn wir denn ein menschliches Leben führen wollen. Um Berühren geht es und Sich-berühren-Lassen, um Fühlen und Mitfühlen, um Lieben und Geliebtwerden, um Barmherzigsein und der Barmherzigkeit bedürfen, um Hoffen gegen alle Hoffnungslosigkeit.

Zeitlebens bleiben wir herausgefordert, uns für das Ja zu entscheiden und von daher Leben zu entwerfen, unser eigenes Leben, unser Miteinander, unser gesellschaftliches Leben, unsere Politik. In der Arbeit mit Menschen mache ich es gern anschaulich. Ich lege zwei Tücher auf den Boden. Ein schwarzes Tuch steht für das Nein. In einiger Entfernung ein grüner Tuch, es steht für das Ja.

Wenn ich auch nur halbwegs aufmerksam und sensibel bin, werde ich mich auch immer wieder zu dem schwarzen Tuch hingezogen fühlen. Die Aufgabe aber, die Herausforderung bleibt, gegen diese Tendenz, gegen diese Verlockung, gegen diese Stimmung zu dem grünen Tuch hinüberzugehen und mich dort zu gründen. Nichts anderes ist gemeint, wenn wir von Spiritualität sprechen. Es ist die tägliche, bewusste und manchmal so anstrengende Entscheidung für das Ja. Es ist die immer wiederkehrende Vergewisserung in diesem Ja.

Dabei gibt es manchmal die klare Entscheidung und den direkten Weg. Oft genug aber ist es nicht die *„Direttissima"*. Oft genug ist es anders. Ich mache mich auf den Weg und merke nach einer Zeit, dass ich mich auf Umwegen befinde. Manchmal vielleicht auch, dass ich mich ganz verrannt habe, dass ich mich im Kreis gedreht habe. Oder ich finde mich gar in einer Sackgasse wieder.

Wichtig ist wohl, dass wir uns bei allem Zweifel und allen Vorbehalten die Sehnsucht nach dem Ja bewahren. Schwierig wird es erst, wenn diese stirbt. *„Alles beginnt mit der Sehnsucht"*, sagt Nelly Sachs. Die Sehnsucht, sie ist ein guter Wegweiser. Ihm können wir uns anvertrauen.

5.2 Form und Übung

Verwurzelung, Verankerung, Vergewisserung – große Worte sind das. Wie lassen sie sich in den Alltag übersetzen? Wie lassen sie sich in kleiner Münze darstellen? Es gibt zwei Antworten darauf, die beide jeweils ihr Recht und ihre Zeit haben. Die eine ist vor allem in der katholischen Tradition beheimatet, die andere gehört eher in die evangelische. In der Praxis mischen und ergänzen sie sich natürlich. Aber sie haben ihr eigenes Profil, dies will ich kurz darstellen. Wie gründe, wie verwurzele ich mich im Leben? Wie gewinne ich Mitte und Halt? Wie sieht gelingendes Leben aus?

Von innen nach außen

Die erste Antwort heißt: von innen nach außen. Gelingendes Leben baut sich von innen nach außen auf. Das Wesentliche, so diese Antwort, spielt sich im Inneren eines Menschen ab. Dafür gilt es achtsam zu sein. Erst in einem zweiten, nachgeordneten Schritt wird – wenn überhaupt – danach gefragt, wie sich dieses Innere äußert, welchen Ausdruck, welche Form, welche Gestalt es findet. Die Botschaft heißt hier: Sei echt, sei authentisch, sei stimmig.

Für dieses Modell gibt es zwei wichtige Impulse. Einer kommt aus unserer jüdisch-christlichen Tradition. Dabei können wir weit zurückgehen, in eine Welt, in der das Leben weithin von außen her gestaltet wurde, mit unendlich vielen kultischen Vorschriften und Geboten. In dieser Zeit, es ist das 8. Jahrhundert vor Christus, es ist auch eine schlimme Krisenzeit, tritt der Prophet Hosea auf. Durch ihn spricht Gott ein Wort, das diese Welt der Ordnungen total infrage stellt: *„Ich habe Lust an der Liebe und nicht am Opfer."* (Hosea 6,6) Das, was im Inneren geschieht, im Herzraum, ist wichtig. Die tausend Äußerlichkeiten sind völlig unwichtig.

Jesus von Nazareth wird an diese Tradition anknüpfen. In einer Welt, die sich wieder mit Satzungen und Vorschriften angefüllt hat, sagt er: *„Es ist nichts, was von außen in den Menschen hineingeht, das ihn unrein macht, sondern, was aus dem Inneren des Menschen herauskommt, das macht ihn unrein"* (Markus 7,15). Im Inneren spielt sich das Entscheidende ab. Damit, so die neutestamentliche Wissenschaft, ist die gesamte Antike auf den Kopf gestellt, die ständig auf das Außen verweist.

Der zweite wichtige Impuls ist ausgesprochen moderner Art. Er kommt aus der humanistischen Psychologie und lautet: Ganz wesentlich zu einer reifen Persönlichkeit gehören Authentizität, Echtheit und Selbstkongruenz. Fragen wie: *„Wie geht es Ihnen?"*, *„Was erleben Sie?"*, *„Wie empfinden sie dieses oder jenes?"* gehören seit Carl Rogers (1902–1987), dem Begründer der klientenzentrierten Psychotherapie, zum Standardrepertoire moderner Beratung, Seelsorge, Erwachsenenbildung und Pädagogik. Parallel dazu steht immer die kritische Anfrage: Ist etwas unecht? Ist es nur äußerlich? Vielleicht sogar falsch?

Gelingendes Leben baut sich von innen nach außen auf: ein vertrauter Gedanke, ein Ansatz, in dem sich viele von uns gekonnt und geübt bewegen. Ein – dies steht völlig außer Frage – sehr legitimer und hilfreicher Zugang, der sich vor allem im Protestantismus einer großen Wertschätzung erfreut.

Von außen nach innen

Daneben gibt es eine zweite Antwort. Sie weist in die genau umgekehrte Richtung und lautet: Gelingendes Leben baut sich von außen nach innen auf. Die Form ist wichtig, die Geste ist wichtig, die Gebärde ist wichtig, die Haltung ist wichtig. Ich kann auch von außen nach innen gehen, von der äußeren Gestalt zur Mitte gelangen.

An den großen Meditationslehrer unserer Zeit, den Benediktinerpater und Zenmeister Willigis Jäger, wandte sich ein junger Mann: *„Pater Willigis, ich sehne mich so sehr nach Gott und kann ihn nicht finden!"* Halten wir einen Moment inne. An dieser Stelle sind mehrere Antworten möglich. Viele würden den jungen Mann bitten, doch etwas von seiner Schwierigkeit zu erzählen. Sie würden sich für die Innenseite interessieren, für seine Gefühle, sein Erleben, sein Empfinden.

Willigis Jägers Antwort heißt – für protestantische Ohren völlig ungewohnt, ja unerhört –: *„Waren Sie schon auf den Knien?"* Auf manche wird diese Antwort wie eine Karikatur wirken, mit dem Vorwurf: Sie nehmen Ihr Gegenüber nicht ernst, Sie machen sich lustig über Ihren Gesprächspartner. Es ist eine Erwiderung, die sehr fremd, sehr unvertraut klingt. Geht es in ihr doch um etwas Äußeres.

Richtig erspürt. Aber – es gibt eben auch diese zweite Bewegung vom Äußeren zum Inneren. Und auch dieser Zugang gehört zu unserer Tradition. Ein schönes Beispiel dafür steht im 1. Psalm, der ja auch eine Einleitung in die Welt der Psalmen ist: *„Wohl dem, der Lust hat am Gesetz des Herrn und sinnt darüber Tag und Nacht, der ist wie ein Baum, gepflanzt an Wasserbächen, der seine Frucht bringt zu seiner Zeit, und seine Blätter verwelken nicht."* (Psalm 1,1f.)

Die Befolgung des Gesetzes, der Thora, ist für Juden nicht eine Äußerlichkeit, sie ist eine Freude, eine Lust, die Leben ermöglicht. Martin Buber und andere jüdische Theologen empfinden es als diskriminierend, wenn Christen ihren Glauben als Gesetzlichkeit bezeichnen. Es gibt auch diesen Weg von außen nach innen. Katholische Frömmigkeit hat diese Tradition eher bewahrt und wertgeschätzt. Exerzitien etwa – und wir sind dabei, diese Form geistlicher Erfahrung neu zu entdecken – beginnen nicht mit einem Blitzlicht, sondern mit einer Äußerlichkeit. Von außen wird mir ein Text als Aufgabe gegeben und dann spüre ich auch nicht nach innen und frage, wie es mir mit diesem Text geht, sondern ich folge bestimmten Meditationsschritten.

Augustinus bringt es mit einem Satz auf den Punkt, der jedem katholischen Christen zutiefst vertraut ist: *„Para ordinem, ordoque te parat."* (*„Die Ordnung, die du hältst, wird dich halten."*) Spirituelles Leben ist ohne diese Erfahrung nicht denkbar. Unvergesslich ist mir ein Patient, der mir von seinem täglichen Gebet erzählte. Es sei ganz einfach eine Erinnerung Gottes und eine Bitte: *„Ein Leben lang habe ich dein Wort gehalten. Jetzt bin ich müde und schwach. Jetzt muss dein Wort mich halten."*

Das Ganze zur Veranschaulichung nochmals in einer Skizze. Linkes Bild: von innen nach außen. Rechtes Bild: von außen nach innen.

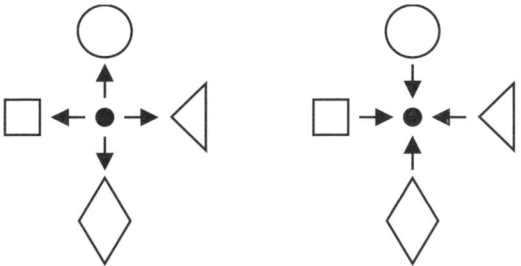

Ich fasse zusammen. Es gibt zwei Wege zu einem gelingendes Leben. Der eine Weg baut sich von innen nach außen auf. Der andere Weg beschreibt die gegenläufige Bewegung, die Bewegung von außen nach innen. Wichtig dabei: Es ist nicht ein Entweder-Oder, es ist ein Sowohl-als-Auch, eine Polarität, die nicht auseinandergerissen werden darf. Beide

Wege haben ihre Zeit, ihre Gültigkeit und ihre Grenze. Für evangelische Christen liegt der Lernpunkt sicher in der zweiten Bewegung. Hier bringen wir wenig Erfahrung, wenig Zutrauen mit und dafür sehr viel Skepsis. Gerade deswegen lohnt es sich, genauer hinzusehen.

Die Übung

In der Sterbekunst können wir uns üben. Auch in der Lebenskunst können wir uns üben. Dabei weisen die Worte *„Übung"* oder *„üben"* über die praktische, technische Bedeutung, die ihnen sonst zu Eigen ist, hinaus. Gemeint ist nicht die Übung im Sinne von Training und üben im Sinne von trainieren. Wir machen etwa Bewegungsübungen, um nicht einzurosten, oder Konditionsübungen, um unsere körperliche Leistungsfähigkeit zu steigern. Wir machen Entspannungsübungen, um ruhiger zu werden, oder Konzentrationsübungen, um uns besser sammeln zu können.

Die Worte *„Übung"* oder *„üben"* sind hier in dem Sinne gemeint, wie sie in der Meditationsarbeit gebraucht werden. Dabei gilt der Hinweis Graf Dürckheims: *„Übungen sind als solche oft leicht, aber es ist schwer, ein Übender zu werden."* Ein *„Übender werden"* heißt: Ich begebe mich auf einen inneren, auf einen geistlichen Weg, auf einen Weg der Verwandlung.

Ein Beispiel: Im 1. Thessalonicherbrief sagt der Apostel Paulus: *„Betet ohne Unterlass"* (5,17). Dabei meint er wohl auch: *„Betet, formuliert Gebete, Tischgebete, Abendgebete, Fürbitten, Danksagungen usw."* Aber sicher meint er mehr. Es meint: *„Macht euch auf einen Gebetsweg, versteht euer Leben als ein einziges Gebet."* Was könnte das heißen? Es könnte heißen, dass ich mein Leben nicht selbst hervorbringen und sichern muss. Ich kann es mir schenken lassen, in jedem Augenblick neu. Und für dieses Geschenk kann ich mich öffnen, staunend, dankbar, voller Freude. *„Betet ohne Unterlass."* Das Leben wird zum Gebet.

Ich begebe mich auf einen Weg, einen inneren Weg, einen

geistlichen Weg, auf einen Weg der Verwandlung. Ich öffne mich dem Leben hinter dem Leben, dem Leben, aus dem ich bin und in dem ich bin. Ich öffne mich für das große Ja, ich tauche ein in die Freundlichkeit, die mich hält und trägt. Ich öffne mich der Kraft, die mich weiterbringt hin zu Heil und Ganzheit. Ich öffne mich dem Licht, das die Dunkelheit erhellt. Ich öffne mich Gott. Immer wieder und immer wieder neu. Das Leben wird zur Übung.

Von Ritualen

Rituale sind wichtige Punkte auf unserem inneren, geistlichen Weg. Sie markieren diesen Weg, sie begleiten und schützen ihn. Rituale sind Ruhepunkte und Kraftpunkte zugleich. Sie entlasten uns, weil sie uns eine vertraute Form anbieten. Wir müssen sie nicht jedes Mal neu erfinden, müssen uns nicht ständig neu entscheiden, was wir sagen, was wir tun und in welcher Gestalt wir es sagen oder tun wollen. Rituale sind Orientierungspunkte auf unserem Lebensweg. Das Tischgebet etwa oder die Gute-Nacht-Geschichte und das Abendlied am Bett unserer Kinder oder der Geburtstagskanon, mit dem wir uns viel Glück und viel Segen wünschen.

Dabei geht es manchmal durch Dürrezeiten hindurch. Es geschieht nichts, es ereignet sich nichts. Wir fühlen uns nicht besonders angesprochen, empfinden keine Tiefe und kein Angerührtsein. Im Gegenteil: Was sich einstellt, sind eher Routine, Leere, Langeweile. Und dennoch bleibt dieses Ritual wichtig. Warum? Hören wir einer Familiengeschichte zu:

> *Ich erinnere mich gerne an eine Geste meiner Mutter aus unserer Kindheit. Wenn wir in die Schule gingen, hat sie uns jedes Mal ein Kreuzzeichen auf die Stirn gemacht. Sie tat es ohne jede Ergriffenheit. Es gehörte zum Morgen wie das Butterbrot, das man bekam. Wenn aber eins von uns Kindern krank war oder wenn eins für länger Abschied nahm, dann war meine Mutter eine wirkliche Künstlerin.*

Sie war ganz in ihrer Geste, mit ihrer Sorge, mit ihrer Liebe, mit ihrer Trauer. Die kleine Gebetsgeste war wie eine Wüstenpflanze, die tot schien und nun aufgewacht war, nachdem sie das Wasser der Trauer und Sorge bekommen hatte. Dies war aber nur möglich, weil meine Mutter es lange geübt hatte ... (Fulbert Steffensky)

Rituale leben wie jedes geistliches Üben von der Ordnung, von der Wiederholung, von der Treue. Dabei ist es nicht so wichtig, ob sich jedes Mal eine Urerfahrung oder eine tiefe Ergriffenheit einstellt. (Dies wird nicht geschehen!) Dennoch: Ich bleibe einfach dabei. Ich bleibe in der Übung, bleibe in der Form, bleibe im Vollzug

Erinnern Sie sich an das Janoschmärchen „*Der Tod und der Gänsehirt*"? Ob er sich denn nicht fürchte, hatte der Tod den Gänsehirten gefragt. Nein, hatte dieser geantwortet. Er habe immer auf die andere Seite des Flusses geschaut, er kenne sie.

Dabei wird er nicht jedes Mal etwas Spektakuläres gesehen haben, stelle ich mir vor, es wird nicht jedes Mal ein Augenschmaus gewesen sein. Manchmal war sein Blick wohl gebannt und gefesselt, manchmal erwartungsvoll und erregt, aber oft sicher auch uninteressiert und gelangweilt. Wichtig ist nur das eine: „*Ich habe immer auf die andere Seite des Flusses geschaut. Ich kenne sie.*" Darin, allein darin, ist das andere begründet: keine Angst, keine Furcht.

Ausdauer, Beharrlichkeit, Beständigkeit, Disziplin, Verlässlichkeit – sie führen auch durch trockenes Land hindurch. An zwei Beispielen soll das noch einmal anschaulich werden.

5.3 Losungen und Exerzitien

Nur wenige andere Namen stehen so sehr für eine christliche Spiritualität wie die „*Herrnhuter Losungen*" auf evangelischer und „*Exerzitien*" auf katholischer Seite. Für unzählige Menschen sind es Oasen im Getriebe des Lebens, Orte der Stärkung, der Vergewisserung, der Ermutigung. In so manchem Krankenzimmer und bei so manchem Hausbesuch begegnet mir das blaue Büchlein der Losungen und in vielen Gesprächen erzählen mir Menschen davon, was ihnen die regelmäßigen Exerzitien bedeuten. Gewiss, es ist immer noch eine winzige Minderheit, die sich auf solche täglichen Erfahrungen einlässt. Aber immerhin: Etwas, was sich durch Jahrhunderte hindurch hält und in vielen, vielen Ländern beheimatet ist, muss etwas Kostbares vermitteln.

Die Herrnhuter Losungen

Man schrieb den 3. Mai 1728. Ein Abend in der Siedlung Herrnhut, die für böhmische Glaubensflüchtlinge in der Oberlausitz gegründet worden war. An jenem Tages gab der fromme Reichsgraf Nikolaus Ludwig von Zinzendorf seiner zur Singstunde versammelten Gemeinde eine kurze Gesangbuchstrophe als *„Losung für den künftigen Tag"* mit. Bald schon wurde die Losung als Tagesparole – Pate stand natürlich das Militär mit seinem täglich ausgegebenen Losungswort – von den Ältesten der Brüdergemeinde in die Häuser der Siedlung getragen. Eine Stärkung in der Auseinandersetzung mit den Widersachern des Glaubens sollte sie sein. Drei Jahre später erschien das erste gedruckte Losungsbuch, in dem sich Bibelsprüche und Gesangbuchstrophen finden. Aus solch bescheidenen Anfängen ist das wohl bekannteste Andachtsbuch der Welt entstanden.

Im Jahr 1812 legte man die heutige Grundgestalt fest: ein Wort aus dem Alten Testament, *„ausgeloset und also aus der Hand des Heilands angenommen"*, dazu ein ausgewähltes Wort aus dem Neuen Testament als *„Lehr-Text"*. Später wurden noch ein Bibelleseplan aufgenommen, der in mehreren Jahren durch die Heilige Schrift führt. Herausgeber ist die Herrnhuter Brüdergemeine, eine kleine Freikirche, die aus den Böhmischen Brüdern und dem Pietismus entstanden ist. Heute wird das Losungsbüchlein in mehr als 50

Sprachen übersetzt. Die Auflage beträgt allein im deutschen Sprachraum über eine Million Exemplare.

Szenenwechsel. An fast jedem Morgen stehe ich am Bahnsteig. Zusammen mit vielen anderen Menschen steige ich in den Pendlerzug nach München. Vom Namen her kenne ich kaum jemanden. Aber vom Gesicht sind mir die meisten bekannt. Es sind immer wieder dieselben, die diesen Zug um diese Zeit nehmen. Und fast jeder und jede hat so sein oder ihr Ritual, sobald sich der Zug in Bewegung gesetzt hat. Viele greifen nach der Tageszeitung, nach dem Sportteil oder nach der Wirtschaft oder dem Feuilleton. Auch die Kinoprogramme sind sehr beliebt und nicht zu vergessen der Stellenmarkt und die Traueranzeigen. Andere lehnen sich zurück und halten noch ein Nickerchen. Wieder andere warten auf den Servicewagen mit den Frühstückssnacks, der sich langsam durch die Waggons schiebt. Eine knappe Bestellung, das Wechselgeld in Empfang nehmen, das Aufreißen von Papier. Dann kaut man still vor sich hin.

Auch ich habe ein Ritual. Ich greife in meine Umhängtasche, vorne links, und nehme mein grünes Losungsbuch zur Hand. Grün, weil ich mir seit Jahr und Tag die Schreibausgabe kaufe. Auf den freien Seiten trage ich jeweils Termine ein oder Telefonnummern oder Stichworte für die bevorstehenden Gespräche. Am Morgen im Pendlerzug schlage ich das Bibelwort für den jeweiligen Tag auf. Ich tue dies, ganz gleich, wie ich gestimmt bin, ob ich darauf Lust habe oder nicht, ob ich mich dafür wach genug fühle oder nicht. Auch ganz egal, wie meine Umgebung gerade aussieht, ob ich genug Platz habe oder ob ich mich sehr dünn machen muss, ob die Sonne durch die Fenster scheint oder ob Regentropfen an den Scheiben entlanglaufen. Ich tue es einfach.

Ich lese also den Text und denke ein bisschen darüber nach. Dabei mache ich ganz unterschiedliche Erfahrungen. Oft ist mir fremd, was dort steht. Nanu, denke ich, was soll ich denn damit anfangen? Es wird auch bei weiterem Nachdenken nicht vertrauter. Oft spüre ich den Graben. Ein paar tausend Jahre liegen zwischen mir und diesem Losungswort und die lassen sich nicht einfach beiseite schieben. Manchmal geht mir das mehrere Tage hintereinander so, vielleicht sogar eine ganze Woche lang so. Ich zucke mit den Schultern. Vom Hocker reißt mich da nichts.

Aber, das ist ganz sicher, auch in der kommenden Woche und an jedem neuen Tag werde ich mein Losungsbüchlein aufschlagen. Und immer wieder entdecke ich ein Juwel. Ein Wort, das mein Herz wärmt, über dem ich aufjuchze oder dass mich zu Tränen rührt. *„Er hat seinen Engeln befohlen, dass sie dich behüten auf allen deinen Wegen"* (Psalm 91,11). Das ist so ein Wort, das mich ganz weich und zart macht. Oder: *„Die dich lieben, Gott, sind wie die Sonne, wenn sie aufgeht in ihrer Pracht."* Ha, ein tolles Wort. Voller Anmut und Poesie (Richter 5,31). Oder: *„Du wirst eine schöne Krone sein in der Hand Gottes und ein königlicher Reif"* (Jesaja 62,3). Ein Staunewort, kostbares Geschmeide. Das *bin* ich! Das bin *ich*! Ich sitze da, vielleicht ziemlich eingepfercht, vielleicht noch müde, in einer Menge lustloser Gestalten, und ein Leuchten geht über mein Gesicht. Das ist doch etwas! Es singt und klingt in mir. Manchmal einen ganzen langen Tag. Übrigens: Der Titel zu dem Buch, das Sie jetzt in Händen halten, ist mir auf diese Weise zugefallen *„... und auch am Abend wird es licht sein"* (Sacharja 14,7). Wie schal und langweilig kamen mir all die anderen Formulierungen vor, die ich vorher in Erwägung gezogen hatte.

Mein Losungsbüchlein: Ich würde solche Schätze nie entdecken, wenn ich immer gleich aufgeben würde, wenn ich nicht durchhielte, beharrlich und treu.

Ignatianische Exerzitien

Für die Spiritualität katholischer Christen sind vor allem die Exerzitien von besonderer Bedeutung. Sie gehen zurück auf die *„Exercitia spiritualia"*, die geistlichen Übungen des Ignatius von Loyola aus dem Jahr 1522. In dieser ursprünglichen Form handelt es sich um Anweisungen für den Exerzitienmeister. Sie erstrecken sich über vier Wochen und folgen dabei einem dreifachen Stufenweg. In der ersten Woche geht es um die „*via purgativa*", den Weg der Reinigung, der Läuterung, in der zweiten und dritten Woche um die „*via illuminata*", die Begegnung mit Christus, in der vierten Woche um die „*via unitiva*", den Weg der Heiligung.

In der Zwischenzeit sind sehr viel kürzere Exerzitien üblich geworden, achttägig, fünftägig oder noch kürzer. Aufregend ist aber vor allem etwas anderes. Auch evangelische Christen haben die Exerzitien entdeckt. Und an manchen Orten gibt es sogar ökumenische Exerzitien. Die Zeiten sind also vorbei, da die Gesellschaft Jesu (Jesuiten) und ihr Gründer Ignatius zum Symbol der Gegenreformation schlechthin geworden waren. Jahrhundertelang hatte es Polemik gegeben, hinüber und herüber.

Eine „*Erlebnisfrömmigkeit*" nennt man manchmal die Exerzitien, eine Frömmigkeit, die über das Hören, Verstehen und Gehorchen hinausweist. Da bekommen wir eine biblische Szene. Und dann geht es in kleinen Schritten weiter. Führe dir diese Szene vor Augen. Spüre den Einzelheiten nach. Versuche sie mit allen Sinnen zu erfassen. Versetze dich in die Personen hinein. Höre, was sie sagen oder sagen könnten. Schaue, was sie tun und was um sie herum geschieht. Nimm mit ihnen Kontakt auf und komme mit ihnen ins Gespräch. Heute gibt es eine allgemeine Wertschätzung dafür, wie Ignatius das geistliche Leben lehrbar und lernbar gemacht hat. Seine Übungen sind Anleitungen, sind methodische Schritte hin zu einem geistlichen Wachstum. Natürlich ist dabei viel Zeitbedingtes. Aber es gibt auch ganz moderne Anklänge, etwa zum Bibliodrama.

Der wichtigste Schritt wird mit den Worten „*das erbitten, was ich will*" benannt. Was will ich eigentlich? Was ist mir ganz wichtig? Was will ich unbedingt? Und was ist weniger wichtig? Es ist die Stelle vor allem, in der eine lebendige, fließende Beziehung zu Gott wachsen soll, zu Gott, der mich anredet und dessen Anrede ich erwidere.

Die Exerzitien waren für mich ein tiefer Erfahrungsweg, einer der tiefsten meines Lebens. Es war zunächst einmal die Erfahrung von Stille. Eine Woche lang schweigen, schweigend die Mahlzeiten einnehmen, schweigend den anderen begegnen. Alles beiseite lassen, was zerstreut, abhält, stört. In der Stille, im Schweigen leben und aus dieser Ruhe heraus mehrere Stunden täglich der persönlichen Schriftbetrachtung und dem Gebet zu widmen, das hatte ich bisher noch nie über einen längeren Zeitraum erfahren. Seitdem weiß ich, dass Stille einen geschützten Raum und eine geschützte Zeit braucht. *„Als alle Dinge in der Mitte des Schweigens standen"*, sagt die Bibel, *„da kam vom göttlichen Thron, o Herr, dein allmächtiges Wort."*

Dann war da die Erfahrung, dass jemand, der Exerzitienbegleiter, an mir und meinem Erleben interessiert war. Dass jemand ganz Ohr war für mich, Tag für Tag eine halbe, manchmal auch eine dreiviertel Stunde, warmherzig, kundig, aufnehmend. Mich einem anderen Menschen anvertrauen, mich ganz zu öffnen und mich auf das einlassen können, was er mir aus seiner Erfahrung heraus an Hilfen und Anregungen sagen kann, das war eine tiefe Erfahrung.

Schließlich: Mich auf eine feste Struktur einzulassen, auf geprägte Formen, mir einen Bibeltext zusprechen zu lassen und mein urprotestantisches Misstrauen gegenüber solchen *„Äußerlichkeiten"* – siehe oben – loszulassen zu können, das war ein tiefes Erlebnis.

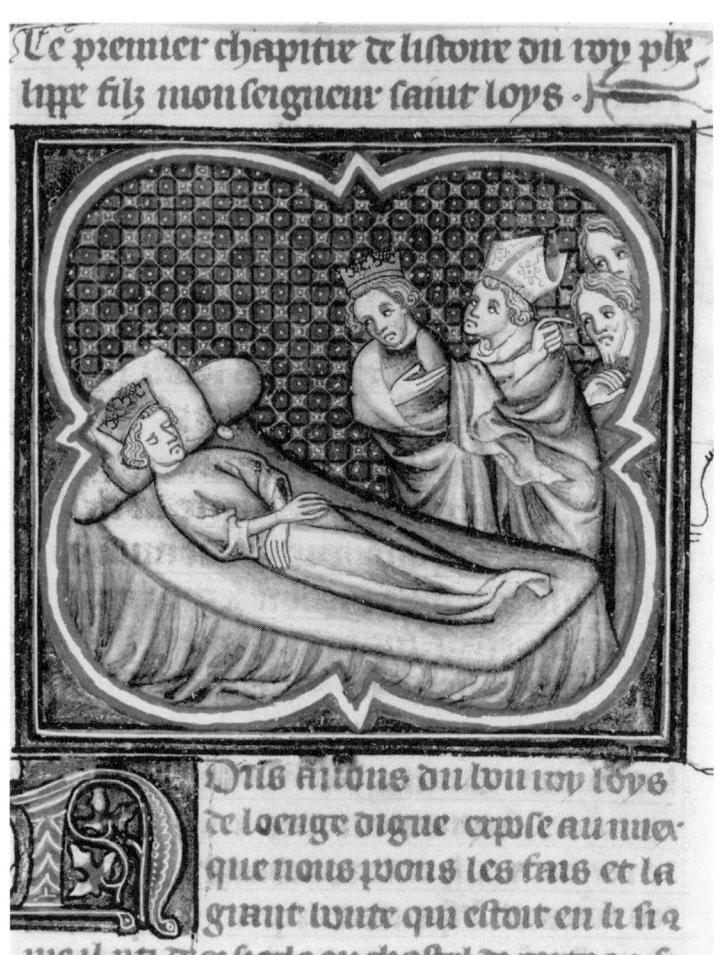

Karl I. von Anjou am Totenbett Ludwigs IX., Buchmalerei (1375/1379)

6. Vom Odem des Lebens

Gott ist gegenwärtig.
Lasset uns anbeten
und in Ehrfurcht vor ihn treten.
Gott ist in der Mitte.
Alles in uns schweige
und sich innigst vor ihm beuge.
Wer ihn kennt,
wer ihn nennt,
schlag die Augen nieder;
kommt ergebt euch wieder.

Luft, die alles füllet,
drin wir immer schweben,
aller Dinge Grund und Leben,
Meer ohn Grund und Ende,
Wunder aller Wunder:
ich senk mich in dich hinunter.
Ich in dir,
du in mir,
lass mich ganz verschwinden,
dich nur sehn und finden.

Du durchdringest alles;
lass dein schönstes Lichte,
Herr, berühren mein Gesichte.
Wie die zarten Blumen
willig sich entfalten
und der Sonne stille halten,
lass mich so
still und froh
deine Strahlen fassen
und dich wirken lassen.

Gerhard Tersteegen (1697–1769)

Im Jahr 1900 veröffentlicht Sigmund Freud (1856–1939) sein Buch *„Die Traumdeutung"*. Obwohl es von der Öffentlichkeit anfangs fast kaum zur Kenntnis genommen wurde, hielt er es zeitlebens für sein wichtigstes Werk. War für ihn doch der Traum der Königsweg, die *„via regia"*, zum Unbewussten. Entsprechend kann man sagen: Der Atem ist der Königsweg, die *„via regia"*, zur Spiritualität, ein Exerzitium auf unserem spirituellen Weg. Der Atem vermag uns immer wieder zu dem großen Ja zu führen, das über unserem Leben steht, zu der Freundlichkeit Gottes, die uns hält und trägt.

6.1 Das Wunder des Atems

Es ist sicher kein Zufall, dass unsere älteste Schöpfungsgeschichte, der Bericht des Jahwisten in 1. Mose 2,4b-25, eine Atemgeschichte ist. Der Urzustand ist in dieser so schlichten Erzählung als Wüste dargestellt. Weit und breit nur Erde und Himmel, keine Blumen, keine Bäume, keine Farben, nur ausgetrocknetes Land. Da, etwas Neues. Feuchtigkeit steigt auf und durchwässert den Boden. Weich und formbar ist die Erde jetzt. Da beugt sich Gott tief hinab und nimmt davon in seine Hände. Wie ein Töpfer knetet und drückt und reibt und rollt und massiert er die Erde mit seinen Fingern und hin und her zwischen seinen Handflächen.

Gott gefiel, was sich da, ganz spielerisch, abzuzeichnen begann. Eine Gestalt mit menschlichem Antlitz. Freilich leblos wie der Ackerboden, von dem er genommen hatte. Gott spürte das Leben in sich, ihm kam ein Gedanke und sogleich führte er ihn aus: Er blies diesem Menschen seinen Lebensodem in die Nase. Der Mensch bewegte sich und begann zu atmen – ein lebendiges Wesen, durch Gottes Freundlichkeit lebendig.

Etwas davon wiederholt sich bis auf den heutigen Tag. Mit dem ersten Atemzug betreten wir diese Welt und mit dem letzten Atemzug gehen wir zu unserem Schöpfer zurück. Der 104. Psalm, ein strahlender Lobpreis Gottes, feiert dieses Geschenk, vergisst aber auch nicht, wie flüchtig und gefährdet es ist. Ja, mit diesem Wissen setzt die Erinnerung ein: *„Nimmst du weg ihren Odem, so vergehen sie und werden wieder Staub. Du sendest aus deinen Odem, so werden die Menschen geschaffen und du machst die Gestalt der Erde neu."* (Vers 29f.)

Aus dem Ursprung leben

Vordergründig betrachtet bedeutet Atmen ein Einziehen und Ausströmen von Luft. Durch Nase, Luftröhre und Bronchien mit all ihren Verästelungen geht es bis zu den feinsten Lungenbläschen. Vordergründig betrachtet handelt es sich dabei um einen Gasaustausch, die Zufuhr der sauerstoffhaltigen frischen Luft und das Ausstoßen der verbrauchten Luft. Bei einem erwachsenen Menschen wird etwa 16mal in der Minute je ein halber Liter Luft hin- und herbewegt. Vordergründig betrachtet wird unsere Atmung vom Atemzentrum, das im verlängerten Mark, einem Teil des Gehirns, liegt, in Gang gehalten. Dabei hebt und senkt sich der Brustkorb, tritt das Zwerchfell abwechselnd tiefer und höher.

Alles richtig und alles wichtig und natürlich kann man es auf diese Weise beim rein Technischen belassen. Auch dies stellt ja ein Wunderwerk dar, das uns staunen lässt, der Atem als der Betriebsstoff für die *„chemisch-physikalische Maschine Mensch"* (Kautzky). Ein sehr wichtiger Betriebsstoff, denn Atemstörungen sind immer Lebensstörungen. Und immerhin: Ein Drittel aller Berufserkrankungen in Deutschland betrifft die Lunge und zehn Prozent aller Todesfälle werden durch Atemwegserkrankungen verursacht. Unser Atmen – ein komplexes, vielfältig ineinander greifendes Geschehen.

Auf einer tieferen Ebene geht es noch einmal um eine ganz andere Erfahrung. An keiner anderen Stelle lebe ich so sehr aus meinem Ursprung heraus wie beim Atmen. Der

Atem ist das große Geschenk des Lebens an mich, Odem des Lebens. Ich kann ihn nicht machen und nicht herstellen. Ja, sobald ich versuche, etwas an meinem Atem zu machen, zerstöre ich diese so feine und sinnvolle Zuordnung von Ein und Aus. Alles, was ich tun kann, ist annehmen, geschehen lassen, bewusst geschehen lassen, und mich daran freuen. Dabei bin ich ganz angesprochen, als Körper, Seele, Geist, in meinem Denken, Fühlen und Empfinden. Alles ist durch meinen Atem beeinflusst, auch jede körperliche Tätigkeit, und alles wirkt wiederum auf meinen Atem zurück.

Der Atem meint den ganzen Menschen. In meinem Atmen erfahre ich Grundbewegungen meines Lebens. Ich öffne mich und verschließe mich wieder, ich gebe her und empfange, ich lasse los und finde wieder. Um Spannung und Lösung geht es, um Kraft und Durchlässigkeit, um Selbstbehauptung und Selbsthingabe, um ein sich Halten und sich Lassen. Es ist ein ständiger und sehr sinnvoller Prozess der Wandlung und des Neuwerdens. Wollte ich diesen Prozess unterbrechen oder festhalten oder beschleunigen, würde ich eine Grundbewegung des Lebens zerstören.

Achtsam für meinen Atem

Kommunitäten, Meditationszentren, Bildungswerke bieten immer wieder Kurse zum Atem an. Nichts wäre schädlicher als eine Atemlehre im Schnelldurchgang. Die folgenden Abschnitte haben also lediglich Hinweischarakter.

Zunächst geht es darum, den Atem überhaupt kennen zu lernen und das Desinteresse zu überwinden, und zwar ohne in ein *„Wollen"* hineinzukommen und dann vom Willen her zu drängen oder zu pressen. Der Atem kommt, der Atem geht. Das Erste und Wichtigste, was es zu lernen gilt, ist, diesen Atem geschehen zu lassen. Das ist immer wieder die Grundübung, dem Atem zuzuschauen, das Atemgeschehen achtsam wahrzunehmen, ohne etwas daran zu machen. Den Atem kommen lassen, den Atem gehen lassen, kommen lassen, gehen lassen, ihn einfließen lassen und ausfließen lassen. Das Schwingen spüren, mich im „*Ein*" und im „*Aus*" der Atembewegung durchschwingen lassen.

Erfahrene Atemlehrer machen immer wieder darauf aufmerksam, dass die Gefahr für den europäischen Menschen – im Gegensatz etwa zum fernöstlichen Menschen – darin besteht, das Einatmen zu betonen. Dabei rutscht viel Gewicht nach oben, in den Schulter-Nacken-Bereich, in den oberen Raum, den „*Raum der Erscheinung*" (Dürckheim), der Aktivität, des Machenwollens. Wir geben zu wenig her, wir lassen zu wenig los. Wir wollen zu viel behalten, wollen zu viel Eindruck machen. Für den westlichen Menschen liegt der Lernpunkt in der Regel auf dem Ausatmen, darauf, sich in den Schultern loszulassen und sich in der Ausatmung herzugeben.

Bisher haben wir von zwei Atemphasen gesprochen, vom „*Ein*" und vom „*Aus*" unserer Atembewegung. Bei genauerem Hinsehen werden wir noch eine dritten Phase wahrnehmen. Nach dem „*Aus*" setzt ja nicht sofort eine neue Einatmung ein. Es folgt zunächst eine kurze Zeit der Ruhe, des Innehaltens. Es ist die „*Atempause*" und erst aus dieser Atempause heraus entsteht eine neue Einatmung. Es ist ein Moment der Stille, so als ob wir „*angekommen*" wären, in der Ruhe angekommen wären, und jetzt erst vollzieht sich die Wende. Aus dieser Tiefe heraus, aus diesem schöpferischen Grund heraus setzt mit dem Einatmen ein neuer Lebensimpuls ein, wie ein Empor-getragen-Werden, wie ein Aufsteigen zum Licht.

Atemworte – Lebensworte

Man kann sich das Atemgeschehen mit vier Begleitworten als geistliche Erfahrung vergegenwärtigen. Beim Üben mag es hilfreich sein, diese Worte lautlos mitzusprechen. Wichtig ist dabei, dass sich die Worte nach dem Atem richten und auf diesen warten und nicht umgekehrt. Der Atem soll kommen und gehen, wie er will. Im Atemrhythmus sprechen wir: „*Loslassen*", „*Niederlassen*", „*Einswerden*", „*Neuwerden*".

Noch deutlicher wird das, wenn wir das leibliche Geschehen mit benennen. Dann ergibt sich folgende Grundübung:

Sich in den Schultern loslassen.
Sich im Becken niederlassen.
Eins werden mit dem Grund.
Den Atem kommen lassen.

Im Folgenden betrachten wir das Atemgeschehen als Odem des Lebens, offen und durchlässig für den Schöpfer des Lebens, für das Ja, das mir mit jedem Atemzug neu geschenkt wird. Eine große Freundlichkeit steht über meinem und allem Leben:

1. Loslassen: *Wir wollen alles loslassen, was unserem wahren Wesen entgegensteht, vor allem jenes „Welt-Ich", das sich im Daseinskampf herausgebildet und das „Wesen-Ich" verfälscht hat. Dazu gehören: Schutz und Abwehrhaltung, Ängste, Minderwertigkeitsgefühle, Selbstverteidigung, Masken, falsch übernommene Rollen, Ehrgeiz, Geltungsdrang...*

2. Niederlassen: *Das bedeutet, sich auf den Weg zu machen zum Eigentlichen, hinabzugehen in den Wesensgrund, sich in den Strahlungsbereich des Letzten zu begeben und sich davon durchformen zu lassen, sich anzuvertrauen dem Ursprünglichen, vom Schöpfer Gewollten...*

3. Einswerden: *Unser wahres Wesensbild, das sich oft nur so zart meldet und durch die Widrigkeiten des Lebens verdrängt und verunstaltet ist, darf sich nun durchsetzen. Wir werden eins mit den Lebensquellen, die auf dem Grund unseres Wesens sprudeln. Einswerden bedeutet letztlich: Einswerden mit dem Geheimnis, das die Christen Gott nennen...*

4. Neuwerden: *Aus diesem Grunde steigen wir erneuert auf. Das Rad der Verwandlung, auf dem wir von oben nach unten geschwungen sind und das in seinem Tiefpunkt ein wenig geruht hat, dreht sich nun weiter, hebt uns hinauf, bis wir*

wieder in die nächste Umdrehung einschwingen, von neuem loslassen, von neuem uns niederlassen und in das Einswerden und Neuwerden eintauchen. (Klemens Tilmann)

6.2 Mit dem Atem beten

An kaum einer anderen Stelle können wir dem Ja, das uns im Leben und im Sterben hält, so nahe kommen wie im Gebet. An keiner anderen Stelle können wir uns so sehr in der Freundlichkeit Gottes verwurzeln wie im Gebet. Beten ist dabei nicht so sehr verstanden als ein Reden mit Gott oder zu Gott, sondern als ein Ruhen in Gott, ein Sein in Gott. Mein Herz, meine Seele, mein Körper, alles will von dieser Gotteskraft erfüllt sein. Gerhard Tersteegen (1697–1769), gelernter Seidenbandwirker und später als Wanderprediger unterwegs, dessen Verse diesem Kapitel vorangestellt sind, sagt es sehr treffend: *„Gott ist gegenwärtig ... Gott ist in der Mitten ... alles in uns schweige ..."* Und weiter: *„Wunder aller Wunder; ich senk mich in dich hinunter. Ich in dir, du in mir ..."*

Nein, das ist nicht die Sprache traditioneller Kirchlichkeit. Es ist nicht die Sprache der lehrenden, der nachdenkenden Kirche mit ihren Formeln und Glaubenssätzen. Es ist die Sprache des Gefühls, des Herzens, des Atems, der die Kirche immer ziemlich ratlos und verlegen gegenüberstand. Und doch spricht diese Sprache die spirituelle Sehnsucht der Menschen an. Weil sie die Erfahrungsebene anspricht: *„Lass dein schönstes Lichte, Herr, berühren mein Gesichte ..."* Das kann ich erfahren, Licht, das mein Leben erhellt, an seinem Anfang erhellt, in seiner Mitte erhellt und an seinem Ende. Ja, auch am Abend wird es licht sein.

Im Atemrhythmus

„Luft, die alles füllet, drin wir immer schweben, aller Dinge Grund und Leben ..." Ich habe Sie zu Beginn dieses Kapi-

tels auf ein kleines Wunder aufmerksam gemacht, das das große Wunder des Atems aufnimmt. Auf die älteste Schöpfungsgeschichte der Bibel – sie wird in der Zeit der großen Könige Israels, also Sauls, Davids, Salomos, aufgeschrieben worden sein, also etwa 1000 vor Christus –, die eine Atemgeschichte ist. Jetzt berichte ich von ganz vielen anderen kleinen Wunder, in denen sich das große Wunder spiegelt: Die meisten Gebete der Bibel sind nämlich im Atemrhythmus geschrieben und lassen sich atmend beten.

Wenn Sie sich auf diese Erfahrung einlassen wollen, dann machen Sie die Probe aufs Exempel. Vielleicht gibt es einen Bibelspruch, den Sie mögen: den Konfirmationsspruch, der Ihnen einmal zugesprochen wurde, den Taufspruch, den Sie sich aus dam Stammbuch herausgeschrieben haben, den Trauspruch, der am Beginn Ihres gemeinsamen Lebensweges stand. Oder ein Wort, das zu Ihrer Familiengeschichte gehört. Wie auch immer. Und jetzt vertrauen Sie dieses Wort Ihrer Atembewegung an.

Ich nehme einmal meinen Konfirmationsspruch, den ich über alles liebe. Vor vielen Jahren hat ihn mein Vater für mich ausgesucht. Ich sehe mich noch vor dem Altar knien, zusammen mit anderen. Uns 13-Jährigen war alles ein bisschen peinlich und wir haben wohl noch kurz vorher, ehe wir uns aus der Bank erhoben und zum Altar gingen, verstohlen gekichert. Mir war es besonders peinlich, weil mein Vater mich konfirmierte. Welchen kostbaren Schatz er mir damals zugesprochen hat, das habe ich erst sehr viel später würdigen können. Ein ganz außergewöhnliches Bibelwort, weil es mit Lust, mit Wünschenkönnen und mit Wuncherfüllung zu tun. Also hier ist mein Konfirmationsspruch: *„Habe deine Lust an Gott, der wird dir geben, was dein Herz begehrt."* (Psalm 37,5)

Und jetzt nähere ich mich diesem Wort nicht vom Kopf her, sondern von meiner Tiefe her, vom Atem her. Jede Zeile ist ein Atemzug. Ich atme ein und bete in der Stille: *„Habe deine Lust an Gott,"* und ich atme aus und bete *„... der wird dir geben, was dein Herz begehrt."* Und ich ruhe in der

Atempause. Und ich atme *„Habe deine Lust an Gott"* ein und atme *„... der wird dir geben, was dein Herz begehrt"* aus. Stille. Atempause.

Nehmen wir das Gebet, das die Welt umspannt, das Gebet Jesu, das Vaterunser. Es gibt kaum ein anderes Gebet, das sich so schlicht, so einfach, so klar in Gott gründet, dessen Ja uns erfüllt, dessen Freundlichkeit uns umgibt und umsorgt. In ihm finden wir alles, was wir zum Leben brauchen.

Jede Zeile darin ist ein Atemzug und so kann ich mich von diesen Versen durchatmen lassen, durchströmen lassen: ein und aus und Atempause und ein und aus und Atempause. Wenn Sie Lust haben, probieren Sie es doch einfach aus. Falls es Sie anspricht und falls Sie sich ein bisschen darin üben, werden Sie erleben, wie dieses Gebet Sie ganz ausfüllt, wie es den Herzraum durchschwingt, den Bauchraum durchschwingt, den ganzen Körper durchschwingt:

Vater unser im Himmel.
Geheiligt werde dein Name.
  (Stille, Atempause)

Dein Reich komme. Dein Wille geschehe,
wie im Himmel, so auf Erden.
  (Stille, Atempause)

Unser tägliches Brot gib uns heute
und vergib uns unsere Schuld,
wie auch wir vergeben unseren Schuldigern.
  (Stille, Atempause)

Und führe uns nicht in Versuchung,
sondern erlöse uns von dem Bösen.
  (Stille, Atempause)

Denn dein ist das Reich und die Kraft und die
Herrlichkeit in Ewigkeit. Amen
  (Stille, Atempause)

Seien Sie bitte freundlich mit sich selbst und gönnen Sie sich – wenn Sie das denn wollen – auch Zeit, sich mit dieser Art zu beten anzufreunden. Sie werden, und das ist ein Versprechen, reich belohnt werden.

Noch ein zweites Beispiel. Das bekannteste Gebet des Alten Testamentes, der Hebräischen Bibel, ist der 23. Psalm. Ein Gebet der Zuversicht und des Vertrauens: „*Der Herr ist mein Hirte, mir wird nichts mangeln...*" Von der Gotteskraft, die meinen Durst stillt, ist die Rede, die mich führt, die mich erquickt, die auch im Dunkel mit mir geht, die mich bewahrt und die mir das Leben festlich entgegenbringt. Wiederum: Jede Zeile darin ist ein Atemzug und ich lasse mich von diesem Rhythmus durchströmen: ein und aus und Atempause und ein und aus und Atempause. Wenn die Anfangsschwierigkeiten hinter Ihnen liegen, werden Sie auch etwas von dem Wiegen spüren. Hin und her und hin und her und alles ist gut, ich bin getragen:

Der Herr ist mein Hirte,
mir wird nichts mangeln.
   (Stille, Atempause)

Er weidet mich auf einer grünen Aue
und führt mich zum frischen Wasser.
   (Stille, Atempause)

Er erquicket meine Seele,
er führt mich auf rechter Straße um seines Namen
willen.
   (Stille, Atempause)

Und ob ich schon wanderte im finstern Tal,
fürchte ich kein Unglück, denn du bist bei mir,
dein Stecken und Stab trösten mich.
   (Stille, Atempause)

Du bereitest vor mir einen Tisch im Angesicht
meiner Feinde,

du salbest mein Haupt mit Öl und schenkest mir voll ein.
(Stille, Atempause)

Gutes und Barmherzigkeit werden mir folgen ein Leben lang
und ich werde bleiben im Hause des Herrn immerdar.
(Stille, Atempause)

Verweilen Sie doch noch ein wenig bei diesem Gedanken: Ich werde bleiben. Ein Leben lang verlasse ich vertraute Räume und mache mich auf den Weg und komme in neuen Räumen an und lebe dort eine Weile und dann ist es wieder Zeit, Abschied zu nehmen und weiterzuziehen. Aber einmal, einmal werde ich bleiben, werde nicht mehr Adieu sagen müssen, keinen Abschiedsschmerz mehr spüren und mich wieder aufmachen müssen. Einmal werde ich angekommen sein und bleiben. Immerdar.

Das Herzensgebet

Eine kleine Kostbarkeit in der großen Schatztruhe geistlicher Literatur ist die Weggeschichte eines betenden Vagabunden, der durch die unendlichen Weiten Russlands streift, in der Suche nach seiner ewigen Heimat. Niemand weiß, wer diese „*Aufrichtigen Erzählungen eines russischen Pilgers*" in der Mitte des 19. Jahrhunderts geschrieben hat. Ein einfacher Bauer wohl, der von einem „*Starez*" (wörtlich „*Alter*"), einem frommen, erfahrenen Seelenführer, in das Geheimnis des Herzensgebetes eingeführt wird.

Dieses Gebet, manchmal auch Jesusgebet genannt, besteht in der fortwährenden Wiederholung der Bitte „*Herr Jesus Christus, erbarme dich meiner!*" Wenn man diesen Satz ständig wiederholt, so der Starez, mit den Lippen, mit dem Geist und mit dem Herzen, dann geschieht eine Verwandlung. Die Gebetsworte gehen in den Herzschlag und in den Atem des Betenden über und es beginnt von selbst in ihm zu beten. Der Beter wird von allen irdischen Gedanken und Strebungen gereinigt und wird immer lauterer, liebevoller und gottförmiger. Und so sehen wir den Pilger auf seiner Wanderschaft.

Im Übrigen stellt das Herzensgebet eine Verbindung zwischen Christentum und östlichen Religionen dar. Wie die buddhistische Zenmeditation oder der Yoga in den Religionen Indiens setzt es beim Körper und beim Atem ein. Die Wiederholung des Namens stellt eine Brücke zur hinduistischen Mantra-Meditation dar. Inhaltlich ist es in Jesus Christus verwurzelt. Die Wurzeln des Jesusgebetes reichen bis in die Frühzeit des Christentums, in die Zeit der Wüstenväter im 3. und 4. Jahrhundert. Damals, die Christenverfolgungen hatten aufgehört und langsam bildete sich eine Staatskirche aus, verließen Männer und Frauen die Städte, um in der Einsamkeit der ägyptischen Wüste Gott zu suchen. Sie suchten sich vor allem Psalmworte aus und wiederholten sie endlos in der Form eines Stoßgebetes. *„Gott, sei mir Sünder gnädig"* zum Beispiel. Das Herzensgebet taucht zum ersten Mal im 6. Jahrhundert auf. Im 12. Jahrhundert lässt es sich dann in Russland nachweisen. Hier erlebt es seit Beginn des 19. Jahrhunderts eine Blütezeit und ist aus der Spiritualität der Orthodoxen Kirche nicht mehr wegzudenken. Bei uns entdeckte man das Herzensgebet erst im 20. Jahrhundert, nicht zuletzt durch die erste Veröffentlichung der *„Aufrichtigen Erzählungen"* im Jahr 1925 in deutscher Sprache.

Herr Jesus Christus,
erbarme dich meiner!

Gerade wegen seiner Einfachheit und Ganzheitlichkeit spricht das Herzensgebet heute viele suchende Menschen an. Exerzitienhäuser, Klöster und Bildungswerke laden zu Einkehrtagen und Kursen über das Herzensgebet ein. Natürlich ist es auch möglich, dieses Gebet alleine zu üben. Dazu Abt Emmanuel Jungclaussen aus Niederaltaich, der Herausgeber der *„Aufrichtigen Erzählungen"*:

Es geht dabei vor allem um einen sehr behutsamen Anfang, indem man zunächst täglich eine kurze Zeitspanne von etwa sieben – zehn – fünfzehn Minuten für das Jesusgebet ausspare, die sich später auf vielleicht dreißig Minuten ausdehnen lassen, ein- oder zweimal am Tag. Von diesen Zeiten eigens angesetzter Übung wird sich das Jesusgebet dann wie von selbst ganz allmählich über den Tag hin ausbreiten. Auf keinen Fall sollte man das am Anfang gewaltsam zu erzwingen versuchen! Es wird dann bald ohnehin genügend Situationen im Leben geben, in denen das Jesusgebet sich geradezu aufdrängt.

Ein Heilungsgebet

Vor einiger Zeit habe ich die Heilungsbewegung der anglikanischen Kirche kennen gelernt. Es war in Coventry, einer Industriestadt mit etwa 300.000 Einwohnern, eine gute Autostunde nördlich von London. Es war an einem Ort der Zerstörung und des Todes.

Bis zum Jahr 1940 prägte ein mittelalterlicher Stadtkern Coventry, in der Mitte eine gotische Kathedrale. Dann brach die Katastrophe herein. 14. November, kurz vor 20 Uhr: Ein silberner Mond war am wolkenlosen Himmel aufgezogen. Alles deutete auf eine friedliche Nacht. Die Menschen hatten sich zurückgezogen. Dann heulten die Sirenen auf und zerrissen die Stille des Abends. Kurz danach Bomberpulks, in immer neuen Wellen, 449 deutsche Flugzeuge. Brandbomben, 40.000 Brandbomben, die auf die Stadt fielen.

Am nächsten Morgen tritt Hermann Göring in Berlin vor die Mikrofone des Großdeutschen Rundfunks und verkündet das Ergebnis der Operation *„Mondscheinsonate"*. Wir haben Coventry ausradiert, sagt er und fügt hinzu: Von nun an werden wir uns Stadt für Stadt vornehmen und sie – „ein neues Wort war geboren – *„coventrieren"*.

Heute steht auf den Trümmern der alten Kathedrale ein neues Gotteshaus, ein Zentrum der Versöhnungsarbeit, auch ein Zentrum des „*healing ministry*", des Heilungsdienstes der englischen Staatskirche. Vieles fühlte sich damals, in den 80er Jahren, noch neu und aufregend an. Man hatte diese vergessene Dimension des Christentums wieder entdeckt, hatte wieder entdeckt, dass ein Fünftel aller Evangelientexte von Heilungen berichtet, dass Jesus den Seinen neben dem Verkündigungsauftrag auch den Auftrag zum Heilen gegeben hatte.

Ein paar Monate nach der Reise lernte ich Gebetsverse kennen, die mich seither nicht mehr losgelassen haben, Verse, die aus dieser Tradition heraus entstanden sind. Sie bitten um drei Erfahrungen, so wie das Menschen schon immer getan haben, wenn sie sich nach Leben ausstreckten oder ihr Leben in Gefahr sahen. Sie beten um Liebe, um heilende Wärme und um Licht. Und sie behaften Gott dabei, dass er zu seiner Zusage steht.

Möge die göttliche heilende Kraft durch mich fließen,
mich reinigen, stärken, heilen,
mich mit Liebe erfüllen, mit heilender Wärme und
mit Licht,
mich schützen und führen auf meinem Weg.
Ich danke dir dafür, dass dies geschieht.

(Anne Höfler)

Ein Gebet, das zu meiner Spiritualität gehört. Morgens, wenn es irgendwie möglich ist, lasse ich mich nicht gleich vom Wecker aus dem Bett schubsen. Ich strecke mich, räkle mich und lege mich noch einmal still auf den Rücken. Dann spreche ich dieses Gebet. Manchmal spreche ich es im Rhythmus meines erwachenden Atems:

Ein: *Möge die göttliche heilende Kraft durch mich*
 fließen,
Aus: *mich reinigen, stärken, heilen.*
 (Stille, Atempause)

Ein: *mich mit Liebe erfüllen, mit heilender Wärme und mit Licht,*
Aus: *mich schützen und führen auf meinem Weg.*
(Stille, Atempause)

Ein: *Ich danke dir dafür,*
Aus: *dass dies geschieht.*
(Stille, Atempause)

Manchmal greife ich die Anregung Anne Höflers auf und lege mir dabei die Hände auf. Dabei folge ich auch ein bisschen meiner Intuition. Ich lasse meinen Körper bestimmen, wo er meine Hände spüren möchte. Fast immer beginne ich mit dem Kopfraum *(Möge die göttliche heilende Kraft durch mich fließen...)*, gerne lege ich dann meine Handballen auf meinen Augenraum *(... mich reinigen, stärken, heilen...)*, dann auf den Herzraum *(... mich mit Liebe erfüllen, mit heilender Wärme und mit Licht...)* und dann auf den Bauchraum *(... mich schützen und führen auf meinem Weg...)*. Zum Dank falte ich meine Hände oder lege sie neben meinen Körper.

Ich erzähle Ihnen dies einfach so, auch wenn es etwas sehr Persönliches ist. Ich erzähle es Ihnen, weil ich Sie ermutigen möchte, für sich auszuprobieren, was Ihnen gut tut. Es gibt hier kein „*Richtig*" und kein „*Falsch*", kein „*Gut*" und kein „*Schlecht*". Folgen Sie einfach Ihrem Gefühl und probieren Sie es aus. Ihr Körper wird Ihnen sagen, wo es wohltuend ist. Und darum geht es: Gut ist, was gut tut.

Wenn ich an unser großes Thema denke, dann möchte ich, solange ich lebe, um Liebe, um heilende Wärme und um Licht bitten – für mich selbst, für die Menschen, die ich liebe, für diese Welt. Und auch im Sterben möchte ich darum bitten, um Liebe, um heilende Wärme und um Licht. Und wenn ich selbst nicht mehr bitten kann, dann wünsche ich mir, dass jemand anders darum bittet. Um Liebe, um heilende Wärme und um Licht.

6.3 Mit dem Körper beten

"Gott sagt ja zu euch", sagt Paulus einmal im 1. Korintherbrief und fährt fort: *"darum preiset Gott an eurem Leibe"* (6,3). Wie kann das aussehen? Gibt es so etwas wie eine geistliche Leiberfahrung? Im Zusammenhang mit der Sterbekunst des Mittelalters war von den Flagellanten die Rede, die sich mit Peitschenhieben geißelten, um Gott gnädig zu stimmen. Dies kann wohl nicht gemeint sein. Körperbestrafung, Körperverachtung, Körperausbeutung, das sind schlimme Traditionen im Christentum. Nicht gemeint sein kann wohl auch der moderne Körperkult mit seiner Betonung von Aussehen und Fitness.

Viel näher sind wir dem Pauluswort mit der Vorstellung des durchatmeten, durchseelten Körpers und natürlich mit der Vorstellung, unser Körper wolle gereinigt, gestärkt, geheilt werden und sehne sich nach Liebe, nach heilender Wärme und nach Licht.

An dieser Stelle hat mir Hella sehr weitergeholfen. Sie erinnern sich an die Frau, die ich Ihnen ganz am Anfang vorgestellt habe? In unseren Gesprächen über Körperarbeit, über die Beziehung zwischen Leib und Seele, entdeckten wir ein weiteres Bibelwort. An keiner anderen Stelle redet die Bibel so schön von uns Menschen: *"Mit Ehre und Schmuck hast du, Gott, uns gekrönt"* (Psalm 8,6). Wie ein Schatz, den wir gerade entdeckt hatten, kam uns dieser Gedanke vor. Wir sind gekrönt! Wir tragen eine Krone auf unserem Haupt! Jeder Mensch – ein gekröntes Haupt!

Es gibt zwei Fehlhaltungen, so wurde uns bald klar, die diesem Bild keine Chance lassen. Beide Male würde die Krone auf den Boden fallen. Das eine ist eine hochnäsige, das andere eine unterwürfige Haltung. Wenn ich meine Nase hoch halte, wenn ich also arrogant und überheblich durchs Leben gehe, fällt die Krone nach hinten herunter. Wenn ich auf der andererseits unterwürfig durchs Leben gehe, gebeugt und mit gesenktem Kopf, fällt die Krone nach vorne herunter. Das Bild vom gekrönten Haupt verlangt eine bestimmte Kopfhaltung. Aber nicht nur das. Auch unser übriger Körper – alles hängt ja mit allem zusammen – muss sich dieser Krone würdig erweisen. Von daher lassen sich drei Achtsamkeitspunkte bestimmen, drei Punkte, an denen wir überprüfen können, wie wir dastehen, auch vor Gott dastehen.

Gekrönt

Unser erster Achtsamkeitspunkt fragt danach, wie unser Kontakt nach oben, zum Himmel, ist. Das Bild der Krone setzt das erhobene Haupt voraus, nicht den gesenkten Kopf und nicht den im Dünkel. Ich darf mit Würde, mit Stolz, mit Anmut, mit Selbstbewusstsein durch dieses Leben gehen und muss mich nicht schamvoll verbergen und verstecken.

Dabei begegne ich meinen Mitmenschen, die ebenso mit Würde, mit Stolz, mit Anmut und mit Selbstbewusstsein durch dieses Leben gehen, weil auch sie von unserem Schöpfer mit Ehre und mit Schmuck gekrönt sind. Und so begegnen wir einander, mit Achtung, mit Respekt, mit Wohlwollen, klar, offen, direkt, persönlich, ebenbürtig und auf gleicher Augenhöhe.

Verwurzelt

Der zweite Achtsamkeitspunkt fragt danach, wie unser Kontakt zur Erde ist. Auch hier ist es hilfreich, zunächst einmal die Fehlhaltungen des Alltags zu sehen und von dort zu einer guten Haltung zu finden. Es kann sein, dass ich mir im Kontakt zur Erde zu wenig Raum nehme. Ganz unsicher, ganz wacklig stehe ich dann da. Ein Windstoß und ich falle.

Die zweite Fehlhaltung: Ich nehme mir zu viel Raum, nehme mir mehr Raum, als mir gebührt. Breitbeinig stehe ich da, raumgreifend. Ich lebe auf zu großem Fuß und das heißt immer, ich lebe auf Kosten anderer. Ich nehme ihnen zu viel Platz weg, ich enge sie ein. Dabei habe ich nicht einmal Halt gefunden. Ich stehe in dieser Breitbeinigkeit auch instabil da.

Aus diesen beiden Fehlhaltungen, zu wenig Raum und zu viel Raum, gehe ich in die gute Haltung hinein. Ich nehme mir den Raum, der mit gebührt, den Raum, der mir einen guten Stand gibt, ohne anderen dabei etwas wegzunehmen oder sie zu behindern. Körperlich bedeutet das: Meine Füße stehen in etwa im Hüftabstand. Ich nehme den Boden wahr, den Kontakt von der Ferse zum Boden, den Kontakt von den Zehenballen und von den Zehen zum Boden. Als Hilfsvorstellung kann ich an Pfahlwurzeln denken, die von der Ferse und von den Ballen der großen und der kleinen Zehen tief in den Boden reichen. Ich stehe da, fest, gegründet, stabil. Dabei bin ich nicht steif wie ein Brett. Ich kann nachgeben, kann pendeln, kann schwingen. So schnell wirft mich nichts um.

Fließend und frei

Nach unten hin gegründet und verwurzelt, nach oben geöffnet und gekrönt und zwischen oben und unten – unser dritter Achtsamkeitspunkt –, zwischen Himmel und Erde, fließend und frei: Eine Lebenskraft will uns durchströmen und soll nirgendwo gestaut, nirgendwo eingeklemmt, nirgendwo festgehalten werden.

Damit sind die vielen Staupunkte angesprochen, in denen wir das Fließen blockieren: die durchgedrückten Knie, der zusammengepresste Po, die sprichwörtliche Bauchrein-, Brust-raus-Haltung, die alles hart und unnachgiebig macht, bis hin zur drohenden Herzenge. Dann die hochgezogenen oder aber nach vorn fallenden Schultern, das Hartnäckige – unsere Sprache weist auf die Verkrampfungen hin – im Halsbereich, das Engstirnige, das Schmallippige und Verbissene im Kopfbereich.

So ist es nicht gemeint. Fließend und frei soll es zwischen Himmel und Erde sein. Deswegen immer wieder die Übung: lassen, lassen, lassen, mich in den Knien loslassen, mich im Gesäß loslassen, mich im Bauchraum loslassen, mich im Herzraum loslassen, mich im Schulter/Nackenbereich loslassen, mich im Kopfbereich loslassen. Die Anspannung lassen und die Kontrolle und das Starre lassen und die Härte lassen und so gelassen werden, gelöst und lang-atmig und weit-herzig und groß-herzig.

Mich lassen, mein ganzes Sein, mein ganzes Personsein: *„personare"* – jetzt wird etwas anderes durch mich hindurchtönen, etwas, was sich weicher, wärmer, freier, lockerer anfühlt. Meine Beziehungen werden sich ändern. Ich werde anders mit mir selbst umgehen, anders mit meinen Mitmenschen, anders mit dem Grund des Lebens.

Mit Ehre und Schmuck hast du den Menschen gekrönt

Die Frage mag nahe liegen: Was ist, wenn ich krank bin, gebeugt bin? Setzen diese Achtsamkeitspunkte nicht einen gesunden Körper voraus? Das sind ganz berechtigte Einwände. Ich denke auch hier an Hella und überlege mir, wie sie darauf geantwortet hätte. Dabei sehe ich sie vor mir.

Ja, zum Schluss hin ging es ihr selbst so. Sie war krank und gebeugt, von Schmerzen gezeichnet und müde und lebenssatt. Zum Schluss hin reichte auch die Kraft nicht mehr, Schülerinnen und Schüler zu empfangen. Aber die Vorstellung, zur Erde hin verwurzelt zu sein und zum Himmel hin offen, hat sie bis in die letzten Tagen hinein begleitet. Und den Gedanken, dass es zwischen Himmel und Erde frei und fließend sein sollte, wollte sie auch dann nicht aufgeben, als die Schmerzen immer stärker wurden und alles freie Fließen einschränkten und fast zum Stillstand brachten. Diese beiden Achtsamkeitspunkte, das spürten wir, sind der Vergänglichkeit unterworfen. Nicht aber der dritte. Gekrönt, gekrönt blieb Hella bis zum letzten Atemzug und gekrönt ist sie geblieben.

Es gibt zweierlei Leiden, damit nehme ich einen Gedanken von Graf Dürckheim auf: einmal das Leiden an einem

Mangel, einem Defizit, dann das Leiden am Nicht-einssein-Können mit sich selbst. Beim ersten Leiden geht es um eine Einschränkung im Können, beim zweiten fehlt einem etwas im Blick auf die Person, die man ist. Beim ersten Leiden hilft eine pragmatische Therapie. Beim zweiten geht es um einen Weg der Wandlung und der Reifung, geht es darum, durchlässiger zu werden für den göttlichen Grund, in dem selbst das Sterben zur Schwelle neuen Lebens wird, für das Licht, das auch den Abend umspielt.

Carlo Crivelli: Aufsatz des Altars in der Kathedrale von Camerino (15. Jahrhundert)

7. Was mir gut tut

*Gib mir, Gott,
die Gelassenheit,
Dinge hinzunehmen,
die ich nicht ändern kann.*

*Gib mir den Mut,
Dinge zu ändern,
die ich ändern kann.*

*Gib mir die Weisheit,
das eine vom anderen
zu unterscheiden.*

Friedrich Christoph Oetinger (1702–1782)

Im Konfirmandenunterricht und im Religionsunterricht mussten wir viele Texte auswendig lernen, Morgenlieder, Abendlieder, Bibelverse, Katechismussprüche. Das ist jetzt schon lange her. Aber ich erinnere mich noch gut an ein Bild, das unsere Lehrer immer wieder anführten. Sie sprachen von einer *„eisernen Ration"* für unser Leben. Manche füllten dieses Bild auf und erzählten von Schützengräben, in denen sie lagen, oder von Luftschutzkellern, in die sie sich flüchten konnten. Um sie herum Bomben, Chaos, Sterben. Aber sie, sie hatten ihre *„eiserne Ration"*. Solche Erzählungen waren oft spannend. Dennoch, das Bild blieb uns fern und blieb uns fremd. Heute verstehe ich es besser, verstehe vor allem den hilfreichen Kern, den es enthält, aber sympathischer ist es mir nicht geworden.

Wenn schon ein Bild, dann ein anderes. Erich Kästner (1899–1974) hat im Jahr 1936 seine *„Lyrische Hausapotheke"* geschrieben, ein Buch, das der Therapie des Lebens gewidmet ist, eine *„Gebrauchsanweisung"* unter dem Gesichtspunkt: Welche Verse eignen sich für welche Beschwerden? Für das Alter, für die Einsamkeit, für das Heimweh, für Lebensüberdruss, für schlechtes Wetter usw.? Eine neckische Idee des Doktor Kästner.

Könnte es nicht auch so etwas wie eine *„Geistliche Hausapotheke"* geben, eine Gebrauchsanweisung für die Wechselfälle des Lebens? Was tue ich, wenn …? Was tut mir gut? Was hilft mir in guten und in bösen Tagen? Was tut mir gut, wenn es einmal schwer wird? Was hilft mir dann? Welche Texte, welche Geschichten, welche Lieder, welche Bilder, welche Musik? Gibt es dann vielleicht – und jetzt verlasse ich das Bild der Apotheke wieder – einen Schatz an Erlesenem und an Erfahrenem? Worte, Erzählungen, Gedichte, Melodien, die mich aufrichten und trösten und ermutigen?

7.1 Meine Schatztruhe

Dieser Schatz müsste jetzt entstehen. Jetzt müsste ich sichten, ausprobieren, entscheiden und sammeln, was mir gut tut. Müsste eine Schatztruhe zusammenstellen, für heute, für morgen und für jeden neuen Tag bis hin zum Abend.

Also: Was tut mir gut? Gibt es dazu Erfahrungen, die ich benennen kann? So konkret wie möglich, so persönlich wie möglich? Wenn ich mich wohl fühle, kann ich dann etwas tun, um dieses Gefühl zu bekräftigen und zu erhalten? Wenn ich traurig bin, wenn ich mir Sorgen mache, kann ich dann etwas tun, um Linderung zu bekommen und mich nicht ganz zu verlieren? Wenn ich verzweifelt bin, gibt es auch dann noch etwas, was mich erreicht und berührt?

Sich darauf zu besinnen, dazu lade ich in diesem Kapitel ein. Darüber hinaus will ich von Erfahrungen erzählen, die andere Menschen gemacht haben. Vielleicht finden Sie etwas, was Sie für sich prüfen und dann eventuell übernehmen möchten. Lassen Sie sich dabei nicht überreden. Immer liegt es an Ihnen. Immer haben Sie – natürlich – das Recht, *„ja, bitte"* oder aber auch *„nein, danke"* zu sagen oder *„so nicht, aber vielleicht so ähnlich"* oder auch *„ich weiß noch nicht so recht, ich brauche noch Zeit."*

Vorweg zwei Gedanken, die auf den folgenden Seiten nicht vergessen werden sollen, auch wenn sie in den Hintergrund treten. Ein erster Gedanke:

Immer wieder ermutige ich Sie, *„ich"* zu sagen oder *„mir"* oder *„mein"*, also mit sich selbst in Kontakt zu kommen und das auch zu beschreiben, ganz persönlich. Nicht gemeint ist damit irgendeine Form der Egozentrik, eines Lebensverständnisses, das diesem *„Ich"* verhaftet ist und sich nicht davon lösen kann. Das wäre ein trauriges und verfehltes Leben. Sehr schön finde ich es bei Helmut Gollwitzer formuliert:

Erfülltes Leben ist Leben,
das nicht um sich selbst kreist,

*das in offenen Beziehungen gelebt wird,
das sich von anderem Leben
in Anspruch nehmen lässt,
das Liebe gibt,
das geliebt wird,
weil es Liebe gibt.*

Wieder erinnere ich an Hella. Ja, Hella konnte „ich" sagen. Sie konnte ihre Gefühle, ihre Bedürfnisse, ihre Wünsche, ihre Schmerzen benennen, aber sie blieb nicht in diesem „Ich" gefangen. Sie öffnete ihr Leben immer wieder für andere. Gewiss, diese Öffnung musste sie auch immer wieder ihren Möglichkeiten anpassen. Da waren zunächst die Patientinnen und Patienten des Krankenhauses. Als die Wege dorthin und in diesem großen Haus zu beschwerlich wurden, besuchte sie Menschen in ihrer Nachbarschaft. Als auch dies nicht mehr möglich war, empfing sie Menschen in ihrer Wohnung. Dieses Sich-Öffnen und Geöffnetsein musste immer wieder neu gesucht und gefunden werden. Sie musste es zurücknehmen und immer kleiner gestalten, aber es blieb erhalten.

Erfülltes Leben ist Leben, das nicht um sich selbst kreist... Vielleicht ist das eine Anrede auch für Sie, liebe Leserin, lieber Leser.

Ein zweiter Gedanke: Sie kennen das Sprichwort „*Der Weg zur Hölle ist mit guten Vorsätzen gepflastert*". Sie wissen sicher auch, was damit gemeint ist. Man nimmt sich zu viel vor, man steckt sich zu hohe Ziele. Dann wird es mühsam. Schließlich wirft man hin. Das Ende vom Lied: Versagensempfinden, Schuldgefühle, Bitterkeit.

Wie auch schon an anderen Stellen erinnere ich an den Mut im Kleinen: sich nicht überfordern, sich nicht unter Druck setzen, sich nicht zu viel abverlangen. Vor Jahren hat mir jemand einen Zettel überreicht und mich auf ein Gebet von Antoine de Saint-Exupéry aufmerksam gemacht, das ich in der Zwischenzeit lieb gewonnen habe. Darin heißt es:

Lehre mich, Gott, die Kunst der kleinen Schritte ... Hilf mir, das Nächste so gut wie möglich zu tun und die jetzige Stunde als die wichtigste zu erkennen. Bewahre mich vor dem naiven Glauben, es müsste im Leben alles glatt gehen. Schenke mir die nüchterne Erkenntnis, dass Schwierigkeiten, Niederlagen, Misserfolge, Rückschläge eine selbstverständliche Zugabe zum Leben sind, durch die wir wachsen und reifen.

Sich nicht überfordern und sich nicht unterfordern – darin liegt gewiss eine schwierige Balance. Der eine wird mehr an der einen, die andere mehr an der anderen Stelle gefährdet sein. Wenn ich meine Gefährdungsseite kenne, werde ich ein bisschen achtsamer mit ihr umgehen.

Texte

Jetzt zu Ihrer Schatztruhe. Es könnte sein, dass Sie bei diesen Worten vergnügt in sich hineinlächeln, denn Ihre Schatztruhe ist gut gefüllt. Sie haben einen Fundus an Liedern, an Geschichten, an Texten aller Art – einen Fundus, dessen Sie sich immer wieder erfreuen und der Sie ganz sicher auch weiter begleiten wird. Vielleicht gehört Ihr Taufspruch dazu, Ihr Konfirmationsspruch, Ihr Trauspruch. Vielleicht gehört ein Wort oder eine Erzählung dazu, die in Ihrer Familie eine Rolle spielt und dort von Generation zu Generation weitergegeben wurde. Vielleicht sind es Verse, die schon lange mit Ihnen gehen. Erlauchte Namen vielleicht, Goethe, Mörike, Rilke, Brecht. Oder auch viel weniger bekannte Autoren.

Mag sein, dass Sie auch bei der Lektüre dieses Buches etwas gefunden haben, was Sie angesprochen hat. Vielleicht haben Sie es unterstrichen oder gar abgeschrieben. Dabei haben Sie sicher gespürt, dass auch ich stark von der Poesie her lebe, von Liedern, von Gedichten, von Märchen, von Literatur. Ich lebe von Literatur, weil sie nicht nur meinen Kopf anspricht, mein Denken, sondern auch mein Herz, mein Gefühl. Die Poesie, so sagte einmal Anette von Droste-Hülshoff, gehöre der *„Sekte der Liebenden"*. Meine Schmerzen, meine Hoffnung, meine Sehnsucht finde ich darin aufgehoben – wenn es in mir fröstelt, wenn es eng wird, wenn es in mir weint und wenn es lacht und jubelt. Eine Schatztruhe, die nicht leer ist. Nehmen Sie sich doch ein paar Minuten und rufen Sie sich Ihre Schätze ins Gedächtnis, mit dem Gefühl: Schön, dass es das gibt, schön, dass es mich gibt, schön, dass wir zueinander gefunden haben. Legen Sie dieses Buch doch einen Augenblick zur Seite und öffnen Sie Ihre Truhe und schauen Sie, was sie alles enthält...

Wie oft schon hat mich etwa Joseph von Eichendorffs *„Mondnacht"* über einen Abgrund geführt. Sein Gedicht gehört für mich zu den Wundern unserer Sprache:

Es war, als hätt' der Himmel
Die Erde still geküsst,
Dass sie im Blütenschimmer
Von ihm nur träumen müsst.

Die Luft ging durch die Felder,
Die Ähren wogten sacht,
Es rauschten leis' die Wälder,
So sternklar war die Nacht.

Und meine Seele spannte
Weit ihre Flügel aus,
Flog durch die stillen Lande,
Als flöge sie nach Haus.

Die Bibel, auch das haben Sie gespürt, gehört zu meiner Schatztruhe. Ganz besonders liebe ich die Psalmen, das Widerständige daran, das Unerhörte, das Unerlaubte, das Unglaubliche. Die Bibel, ein Buch gegen den überall lauernden Zynismus und gegen die Trivialität des Alltags und gegen die Fassadenwelt, die ich so oft aufgebaut finde. Ein Buch, das unbestechlich ist in seiner Strenge gegen den Ausverkauf der Seele und verschwenderisch im Anstecken mit Nähe und mit Zuversicht. Eine große Einladung zum Leben. "*Ergebnis*" heißt ein Gedicht von Wilhelm Bruners:

Nach dem morgendlichen
Gang über die
Psalmbrücke

drehe ich mich nicht
mehr um die eigene
Achse

ich atme die alten
Heilworte in meine
Tagängste

und bin
guter Hoffnung.

Eine Psalmbrücke: Ich denke an eine Frau, die für mich ähnlich wichtig geworden ist wie Hella. Sie heißt Juliane und war bis zu ihrer Pensionierung Lehrerin, eine aufmerksame, hilfsbereite, gebildete Frau, Germanistin und Historikerin mit einer großen Leidenschaft für die Theologie. Nächtelang haben wir miteinander diskutiert, über das neueste Werk von Günter Grass oder Martin Walser oder Philip Roth und wie sie alle heißen. Dann vor allem über Theologen, über Paul Tillich und Eugen Drewermann und Karl Barth.

Bald erkrankte Juliane an den Augen. Alle Medikamente und alle Eingriffe konnten das Leiden nicht aufhalten. Die Sehkraft ließ mehr und mehr nach. Nach ein paar Jahren konnte sie nur noch Schatten sehen. Die Ärzte mussten ein Auge herausnehmen. Ein langer Passionsweg begann.

Eines Tages fragte ich Juliane: *"Sag mir doch bitte, wie du das alles schaffst. Die vielen Operationen. Die Zwischenzeiten. Zwischen Bangen und Hoffen. Die zunehmende*

Dunkelheit. Was bewahrt dich davor zu verzweifeln?" Sie musste nicht lange nachdenken: *„Es ist ein Psalmwort: ‚Du, Gott, hältst mich bei meiner rechten Hand.' Dieses Wort hält mich."* Und dann erzählte sie mir von der letzten Operation. Wie immer habe sie sich von dem Wort aus dem 73. Psalm in die Narkose führen lassen. Als sie aufwachte, stand ihr Chirurg am Bett und sagte: *„Es war gerade ganz schön. Sie haben nach meiner Hand gesucht, als ich an Ihr Bett getreten war, und haben sie ganz fest gedrückt, und – Sie haben dabei gelächelt."* Nein, sagte Juliane auf meine Nachfrage, sie habe ihm nichts von dem Psalmwort verraten.

Lieder

Sicherlich finden sich Liedstrophen in Ihrer Schatztruhe, Strophen, die Sie manchmal herausnehmen und vor sich hinsummen. Vielleicht eine Melodie, die schon zu Ihrer Kindheit gehört hat, vielleicht eine Weise aus unserer Zeit, Volkslieder oder aber Songs aus den Hitparaden. Kein Grund zur Scham! Johann Sebastian Bach hat sein Recht, natürlich, aber auch die Beatles haben ihr Recht. Auch natürlich. Und Geistliches, Nährendes, Wärmendes kann ich bei beiden finden.

Wiederum bitte ich Sie: Legen Sie das Buch einen Augenblick lang zur Seite und öffnen Sie Ihre Truhe. Lieder Ihres Lebens, die Sie in sich nachklingen lassen...

Vielleicht, und auch diese Erfahrung gibt es, ist Ihre Schatztruhe an dieser Stelle leer. Niemand hat jemals gute Worte und heilende Verse in Ihre Seele gelegt. Sie kennen diese Erfahrung gar nicht. Aber was nicht war, kann noch werden. Ich gebe Ihnen drei Strophen weiter. Vielleicht spricht Sie die eine oder andere an und dann gehört sie Ihnen.

Die erste Strophe. Vor vielen Jahren habe ich eine Frau begleitet, die an einer Krebserkrankung litt. Es waren die Wochen vor Weihnachten. Am Ende eines Besuches betete ich Worte von Jochen Klepper. Ein Adventslied:

Die Nacht ist vorgedrungen, der Tag ist nicht mehr fern.
So sei nun Lob gesungen dem hellen Morgenstern!
Auch wer zur Nacht geweinet, der stimme froh mit ein.
Der Morgenstern bescheinet auch deine Angst und Pein.

Ich hatte kaum geendet, da platzte es aus meiner Gesprächspartnerin heraus: „Woher kommen diese Worte? *Ich mag dieses Lied! Ich möchte, dass es uns fortan begleitet. Dass wir es jedes Mal sprechen.*"

Es hat uns begleitet. Die Winterwochen hindurch bis in den frühen Frühling hinein, als sie dann starb. Immer haben wir es zum Schluss gesprochen oder gesungen. Manchmal aber haben wir damit auch begonnen, haben den Bildern nachgespürt. Wie sieht die Nacht aus, die vorgedrungen ist, und wie der Tag, der nicht mehr fern ist? Wer ist für mich dieser helle Morgenstern? Ich weiß, wie die korrekte Antwort lautet: „*Christus, dessen Geburt wir uns in diesen Weihnachtswochen erinnern.*" Aber ich konnte es auch gut verstehen, wenn ihre Antwort lautete: „*Die türkische Putzfrau, die mich heute in aller Früh weckte, das war mein heller Morgenstern.*" Und – schließt die eine Antwort denn die andere aus?

Eine zweite Strophe. Ich war sechs Jahre lang Pfarrer in der KZ-Gedenkstätte in Dachau. Es waren unendlich schwere Jahre. Die Gewalt, der Sadismus, die Menschenverachtung der Nazibarbarei stecken auch heute noch in den Fundamenten der Baracken und natürlich in den Bildern an den Wänden. In dieser Zeit habe ich fast verzweifelt danach gefragt, wo meine Kirche in jenen Jahren war. Zu meinem Schrecken entdeckte ich zunächst eine nicht enden wollende Flut von Glockengeläut, Glückwunschtelegrammen, Ergebenheitsadressen, Schmeichelpredigten und Fürbitten für den großen Führer.

Nur an ganz wenigen Stellen war es hell. Wie ein Ertrinkender habe ich mich an diese Namen geklammert. Etwa an den

Namen des Pfarrers, Widerstandskämpfers und Märtyrers Dietrich Bonhoeffer. An vielen Sonntagen haben wir seine Lieder gesungen. Zum Beispiel die folgende Strophe:

Von guten Mächten wunderbar geborgen,
erwarten wir getrost, was kommen mag.
Gott ist bei uns am Abend und am Morgen
Und ganz gewiss an jedem neuen Tag.

Zeilen, die Bonhoeffer in den Dezembertagen des Jahres 1944 aus dem Kellergefängnis des Reichssicherheitshauptamtes an seine Verlobte geschrieben hat. Gute Mächte, geborgen sein, getrost sein: Auch heute noch, in einer ganz, ganz anderen Situation – dies ist zumindest meine Erfahrung – sprechen diese Bilder viele Menschen an. Weil es Ur-Bilder sind und weil sie von einem großen Vertrauen zeugen.

Eine dritte Strophe. Sie weist in eine ähnliche Richtung und kommt doch aus einer ganz anderen Zeit. Aus der Zeit, in der die mittelalterliche „ars moriendi" schon am Ausklingen war, aus dem 17. Jahrhundert. Paul Gerhardt hatte früh seinen Vater verloren. Mit sechzehn Jahren erlebte er eine furchtbare Pestepidemie. Bald darauf brach der 30-jährige Krieg mit seinen schrecklichen Verwüstungen aus. Überall Morden und Brennen. Auch das väterliche Anwesen ging in Flammen auf. Später starben vier seiner fünf Kinder. Dann starb seine Frau. Dann verlor er sein Amt. Unendlich viel Leid stand über diesem Leben und dennoch wuchsen aus dieser Tiefe heraus Vertrauenslieder, die uns auch heute noch anrühren. Eine Strophe aus dem bekannten Morgenlied „*Die güldne Sonne ...*":

Abend und Morgen sind seine Sorgen;
segnen und mehren, Unglück verwehren
sind seine Werke und Taten allein.
Wenn wir uns legen, so ist er zugegen;
wenn wir aufstehen, so lässt er aufgehen
über uns seiner Barmherzigkeit Schein.

Jochen Klepper, Dietrich Bonhoeffer, Paul Gerhardt: Was ist das Geheimnis ihrer Verse? Wieso sprechen Menschen diese Worte nach? Wieso vertrauen sie sich ihnen an? Weil sie aus einer großen Tiefe des Erlebens und Erleidens kommen. Diese Tiefe ist einfach spürbar, auch wenn sie oder gerade weil sie nicht ausgemalt wird. Das Vertrauen teilt sich mit, auch wenn es oder gerade weil es nicht angepriesen wird. Ein Du lebt in diesen Zeilen, auch wenn es oder gerade weil es nicht mit Namen genannt ist.

Dass sich Jochen Klepper am 10. Dezember 1942 zusammen mit seiner jüdischen Frau und deren Tochter Reni das Leben genommen hat, das erfährt man nicht. Auch nichts von ihren verzweifelten Bemühungen um einen Ausweg. Dass Dietrich Bonhoeffer ein paar Monate nach der Entstehung seines Liedes im Konzentrationslager Flossenbürg hingerichtet werden wird, das deutet sich nicht an, obwohl er mit diesem Ausgang rechnen musste. Paul Gerhardts Verse sind von einem fröhlichen Glauben erfüllt, obwohl um ihn herum so vieles zusammenbricht.

Gewiss, im Hintergrund schwingt etwas Schweres mit. In den Gegensätzen von Nacht und Tag, von Hoffnung und Angst, von Abend und Morgen deutet es sich an. Mehr aber nicht. Und gerade deswegen erscheinen diese Lieder so glaubwürdig. Ob sie, sie alle oder auch nur eines von ihnen, in Ihrer Schatztruhe Platz finden werden?

Worte, die Sie immer wieder im Vertrauen gründen wollen, im Ja, in der Freundlichkeit Gottes, Worte, die Ihnen und zu Ihnen gehören wollen, im Nachsprechen, im atmenden Beten, im Auflegen der Hände – das können Texte und Lieder in Ihrer Schatztruhe sein.

Bilder

Ich führe ein Traugespräch. Vor ein paar Monaten haben sich die beiden kennen und lieben gelernt. Jetzt wollen sie Ja zueinander sagen und sie wollen, dass Gott sein Ja zu ihrem

Ja stellt, dass er ihren Lebensweg segnet. *„Was macht Ihnen Mut für diesen gemeinsamen Weg?"*, frage ich.

Sie fangen an zu erzählen: ihre Zuneigung zueinander natürlich, die gemeinsamen Hobbys, ihre berufliche Nähe, ihre Lebenserfahrung. Sie hätten beide schon einiges erlebt und einiges mitgemacht. Hier sei ihnen etwas zugewachsen, was ihrer Ehe sicher zugute kommen würde. Dann eine kurze Gesprächspause, die Worte stehen im Raum und wir sinnen ihnen nach.

Dann ein Neuansatz, der von der Frau kommt:

Als ich noch klein war – mein Verlobter weiß, was ich jetzt sage –, hing in unserem Kinderzimmer ein Bild. Beim Abendgebet fiel immer mein Blick darauf. Nein, keine große Kunst, eher ein billiger Druck, aber anrührend und zu Herzen gehend. Zwei Kinder gehen über eine Brücke. Unter ihnen ein tosender Wasserfall. Das Geländer ist beschädigt, überall Löcher und Risse. Über den beiden Kindern ein Engel, der seine Arme über sie breitet, Arme, die schützen und halten. Dieses Bild macht mir Mut für unsere Ehe.

Meine Gesprächspartnerin hat mich eben einen Blick in ihre Schatztruhe werfen lassen, so empfand ich es und so sagte ich es auch, und mir eines ihrer kostbarsten Stücke gezeigt: ein Bild aus der Kindheit, ein Bild, das sie durchs Leben begleitete.

Bilder prägen sich der Seele nachhaltiger ein als Worte. Das ist keine neue Erkenntnis. Im zweiten Kapitel, Sie erinnern sich, sind die Kupferstiche und Holzschnitte der Bilder-ars zum Ende des Mittelalter erwähnt.

Bilder heilen. Bilder trösten. Bilder ermutigen. Warum das so ist? Dafür gibt es wohl viele Erklärungen. Die für mich schönste stammt von Marc Chagall (1887–1985), der uns selbst so viele herrliche Bilder geschenkt hat, Bilder voller fröhlicher Farben, darunter ganz eindringliche Bilder zur Bibel. Er zitierte immer wieder eine alte jüdische Legende:

Vor langer, langer Zeit ist die Herrlichkeit Gottes zerbrochen, sie hat sich in 1000 Splitter und Funken geteilt und über die Welt gelegt. Seitdem sind in allen Bildern die Spiegelsplitter göttlicher Herrlichkeit zu finden. Seitdem schimmert durch alles Dunkel der Welt das ewige Licht.

Welche Bilder bewahren Sie in Ihrer Schatztruhe auf? Erinnerungsbilder vielleicht? Bilder, die Ihnen früher einmal begegnet sind? In der elterlichen Wohnung oder bei einem der Museumsbesuche, die immer ein bisschen langweilig waren? Aber jetzt, jetzt taucht auf einmal ein Bild auf, das haften geblieben ist.

Sind es Erlebnisbilder? Ein Sonnenuntergang am Strand? Ein Waldspaziergang? Augenblicke, in denen sie ganz geborgen und ganz behütet waren? Bilder, auf denen Sie Leben weitergegeben haben? Die erste Liebe, die erste Schwangerschaft, die erste Geburt? Vielleicht auch das erste Enkelkind? Unsere Seele nährt sich von dem, worüber sie sich freut, heißt es immer wieder in der Mystik. An welchen Bildern können Sie sich freuen?

Welches Bild taucht in Ihnen auf, wenn sie die Augen schließen? Und – können Sie bei diesem Bild verweilen und zur Ruhe kommen? Vielleicht die Traurigkeit vergessen, die Sie gerade ausfüllt, oder die Einsamkeit, die Ihnen zu schaffen macht? Oder die Krankheit, die sich eingenistet hat? Können Sie ein paar Augenblicke lang etwas von dem Licht sehen, das durch alles Dunkel schimmert, ein paar Augenblicke lang etwas von den Spiegelsplittern göttlicher Herrlichkeit ahnen?

Musik

Auf jeden Fall wünsche ich Ihnen Musik für Ihre Schatztruhe. Musik spricht den ganzen Menschen an. Musik berührt uns in unserer Seele. Musik erreicht das Unbewusste. Musik tröstet, ermutigt, heilt und macht froh. Sie vermag uns ein Stück *„Ewigkeit im Zeitlichen"* (Otto Szok) zu eröffnen.

Im Buch Samuel in der Hebräischen Bibel, unserem Alten Testament, wird erzählt, wie Saul, der erste König Israels, von Angstattacken heimgesucht wird. Jedermann ist ratlos. Da befiehlt Saul seinen Leuten, dass sie sich nach jemandem umsehen, der des Saitenspiels kundig ist. Man findet den Hirtenjungen David. Und dann heißt es: *„Sooft nun der Geist der Angst über Saul kam, nahm David seine Harfe und spielte darauf. So wurde es Saul leichter und es ward besser mit ihm und der böse Geist wich von ihm."* (1. Samuel 16,23)

Martin Luther nennt die Musik *„heilig und göttlich"* und sagt: *„Ich wünsche gewiss von Herzen, dass jeder die göttliche und vortreffliche Gabe der Musik lobte und priese. Ich werde von der Menge und Größe ihrer guten Eigenschaften so überschüttet, dass ich weder Anfang, Ende noch Maß meiner Rede finden kann."*

Zu allen Zeiten und in allen Kulturräumen kannten die Menschen die aufrichtende Wirkung der Musik. Kein Wunder, dass Rhythmen und Klänge aus alten Kulturen wieder neu zu uns sprechen. Sei es der chinesische Gong, die Trommel der Schamanen oder das Didgeridoo der Aborigenes Australiens. Freilich, Musik wirkt sehr unterschiedlich. Was den einen anspricht, missfällt dem anderen. Das Musikstück, das den einen beruhigt, versetzt den anderen in Rage.

Im Allgemeinen wird man aber wohl sagen können, dass die klassische Musik, Johann Sebastian Bach zum Beispiel, Wolfgang Amadeus Mozart, Ludwig von Beethoven, Anton Bruckner, Gustav Mahler, von ihrem Rhythmus und ihrer Struktur und ihren Harmonien her viele Menschen in der Tiefe anspricht, mehr noch: dass sie einen spirituellen Raum eröffnet, dass sie uns Gott näher bringt. Natürlich höre ich sofort die Gegenfrage: Tut das ein Spiritual wie *„Morning has broken"* (in deutscher Übersetzung: *„Morgenlicht leuchtet"*) etwa nicht? Oder eine Filmmusik, etwa der Titelsong der *„Titanic"*? Oder das Abschiedslied für einen Sportler, den Boxchampion Henry Maske, *„Time to say* *good-bye"?* Oder eine einfache Flöten- oder Gitarrenmusik? Natürlich. Musik wirkt ganz individuell.

Im Wissen um diese Unterschiedlichkeit beschreibt der Kirchenmusiker und Theologe Peter Bubmann dennoch drei *„Grundwirkungsweisen"* von Musik:

1. Musik zielt auf *Einstimmung und Zustimmung* zum Leben, zum Sein. Wir spüren eine Sinnfülle, eine Glückseligkeit, eine Dankbarkeit, die mit Worten kaum zu beschreiben ist. *„Solche Einstimmung geht einher mit gelöster Gelassenheit und dem Bewusstsein einer letzten Lebens-Sicherheit..."*

2. Musik bewirkt *Umstimmung.* Sie bewirkt eine Änderung unseres Fühlens, auch unseres Lebensgefühls. Ich werde ruhig in meiner Traurigkeit, meine Unsicherheit löst sich, mein Zorn findet einen Ausdruck. *„Musik dient zur Katharsis, als Seelenbad und Trost. Sie energetisiert, dynamisiert und verwandelt so das Leben."*

3. Musik versetzt in *Hochstimmung.* Sie unterbricht die Alltagsroutine und lässt uns die Grenzen des Gewohnten überschreiten. Wo wir wenig Anlass zur Hochstimmung haben, führt sie freilich auch in eine produktive *Verstimmung* und hält die Sehnsucht nach einem wahren Leben in uns wach.

Musik in Ihrer Schatzkiste: Was tut Ihnen heute gut? Und was wünschen Sie sich, wenn Sie einmal am Abend Ihres Lebens angelangt sind? Lassen Sie Ihren Partner, Ihre Partnerin, lassen Sie Ihre Freundinnen oder Freunde doch wissen, was Sie dann hören möchten, welche CD, welche Musikkassette, welchen Komponisten.

7.2 Mich im Vertrauen üben

Zuversicht kann man lernen. Vertrauen kann man lernen. Gewiss geschieht das nicht so, dass uns jemand zur Zuversicht oder zum Vertrauen auffordert. Ein *„Sei doch zuversichtlich",* ein *„Hab doch Vertrauen"* entmutigt eher, als dass es ermutigt. Nur allzu leicht ruft es eine Reaktion wie *„Du tust dich leicht, du hast gut reden"* wach. Nein, so nicht. Aber wie dann?

Ich erzähle Ihnen von einer Begegnung. Vor ein paar Jahren habe ich mich um eine neue Aufgabe beworben. Der Abschied von meiner letzten Dienststelle, der Leitung eines Bildungszentrums, stand an. Für meine letzte Veranstaltung wünschte ich mir eine Frau als Referentin, die ich seit vielen Jahren verehre und von der ich unendlich viel gelernt habe, die Theologin und Autorin Dorothee Sölle.

Der Abend kam. Dorothee Sölle kam. Viele Menschen kamen. Ein volles Haus und ein faszinierender Vortrag, mit einem sehr bewegenden, sehr persönlichen Nachgespräch. Ich brachte Dorothee Sölle zum Hotel zurück und sie sagte: *„Wissen Sie was, der Abend ist noch jung, trinken wir doch eine Flasche Wein zusammen."* Ich war glücklich, wir ließen die Gläser klingen und ich begann unser Gespräch mit einer Liebeserklärung. Jede Zeile ihrer Bücher hätte ich gelesen, jedes einzelne ihrer Gedichte. Ohne diese Lektüre wäre ich wohl nicht mehr in meinem Beruf tätig. Und ich bat sie, mir doch ein bisschen von sich zu erzählen.

Was dann kam, erstaunte mich und zunehmend erschreckte es mich. Es war nicht eine Erfolgsstory, die ich zu hören bekam (und die ich wohl erwartet hatte), eine Geschichte von Würdigungen, Anerkennungen, Auszeichnungen. Es war eher eine Nachtgeschichte, eine Geschichte von Zurückweisungen, Krankheiten, Schmerzen, Enttäuschungen. An einer Stelle fiel ich Dorothee Sölle ins Wort: *„Wie geht das? Sie schreiben ein Buch nach dem anderen, eines schöner und leidenschaftlicher als das andere. Sie sprechen Millionen Menschen an."*

Ihre Antwort: *„Ich habe mir etwas vorgenommen. Ich habe mir angewöhnt, jeden Tag drei Dinge zu finden, für die ich Gott loben kann."* Und nach einer Zeit der Stille fuhr sie fort: *„Für mich ist dies eine geistlich-politische Übung von hohem Wert und ein Antidepressivum von großer Kraft."*

Dreimal Gott loben

Zuversicht und Vertrauen entstehen nicht durch Überredung. Aber man kann sich darin einüben. Und hier gilt, was oben zum Thema Form steht. Jeden Tag finde ich drei Dinge, für die ich Gott loben kann, und das mache ich mir zur Übung. Das heißt: Ich frage nicht, ob ich dazu Lust habe oder ob das Wetter dazu passt oder ob ich dafür gut genug geschlafen habe. Ich mache es einfach. Tag für Tag, drei Dinge, für die ich Gott loben kann. Und ich werde dabei erleben, dass sich etwas ändert. Mein Lebensgefühl ändert sich, mein Gefühl beheimatet zu sein, im Leben beheimat zu sein, ändert sich. Das Jammern hört auf und die schwermütige Verstimmung hört auf, schon deswegen, weil ich mich nicht mehr nur um die eigene Achse drehe. Ich lebe versöhnlicher, froher, bezogener, mehr im Kontakt.

Nun kann es sein, ja, es wird wohl so sein, dass dieser Gedanke zunächst einmal Vorbehalte, vielleicht sogar Widerstand weckt. Es wäre ja eigenartig, wenn es anders wäre. In der Tat: Dreimal täglich Gott loben, dieser Vorschlag ist gewöhnungsbedürftig. *„Die Sprache, die einmal ausschwang, Dich zu loben,/zieht sich zusammen, singt nicht mehr/in unseren Essigmund..."* Marie Luise Kaschnitz (1901–1974) spricht wohl für viele. Vielen Menschen, gerade feinfühligen Menschen, bleibt das Lob Gottes im Hals stecken.

Dorothee Sölle kannte dieses Gefühl sehr gut. *„Warum ich gott so selten lobe"* heißt es in einem ihrer Gedichte:

Warum ich gott so selten lobe
fragen die freunde mich immer wieder
verdammt bin ichs denn
war der bund nicht zweiseitig
dass er etwas lobenswertes tut oder vorbeischickt
und ich etwas zum loben entdecke...

Dreimal täglich Gott loben? Dieser Gedanke kommt nicht einfach so nebenbei. Er hat nichts Vollmundiges. Er ist wohl unter Schmerzen geboren worden und unter vielen Enttäuschungen. *"Außerdem hätte ich nichts gegen gott/wenn er sich an seine versprechen hielte."* So endet Sölles Gedicht. Gott loben? Gar dreimal und gar dreimal täglich? Ein Gedanke, der erst einmal ausgehalten werden will.

Halten Sie doch an dieser Stelle inne, liebe Leserin, lieber Leser. Wo sind Sie gerade? Was bewegt Sie? Drei Dinge, für die ich Gott loben kann: Erlauben Sie sich, den Widerstand zu spüren, so er denn da ist, auch die Kraft, auch das Feuer dieses Widerstandes, und haben Sie keine Scheu vor einer starken Sprache. Drei Dinge, für die ich Gott loben will: Diese Übung ist eine Zumutung und alle Gefühle, die sich damit verbinden, wollen erst einmal durchlebt werden …

Ich schließe diesen Abschnitt mit einem der schönsten Loblieder, die wohl je gesungen wurden. Es wird Franz von Assisi (1181/82–1226) zugeschrieben, dem Jongleur de Dieu, dem Troubadour Gottes. Er habe, so wird erzählt, zwei Stöcke vom Boden aufgehoben. Der eine war ihm Geige, der andere Bogen, und damit habe er seine Lieder gespielt. Lieder, mit denen er das Leben feiert und gleichzeitig Minnelieder, Liebeslieder für seinen Gott. Unvergleichlich schön, Verse, die man schmecken muss, sich auf der Zunge zergehen lassen muss, ganz langsam, ganz genießerisch. Aus dem Sonnengesang:

Gelobet seist du, Herr,
mit allen Wesen, die du geschaffen,
der edlen Herrin vor allem, Schwester Sonne,
die uns den Tag heraufführt und Licht
mit ihren Strahlen, die Schöne, spendet;
gar prächtig in mächtigem Glanz:
dein Gleichnis ist sie, Erhabener.

Gelobet seist du, Herr,
durch Bruder Mond und die Sterne.
Durch dich sie funkeln am Himmelsbogen
und leuchten köstlich und schön.

Gelobet seist du, Herr,
durch Bruder Wind
und Luft und Wolke und Wetter,
die sanft oder streng nach deinem Willen
die Wesen leiten, die durch dich sind.

Gelobet seist du, Herr,
durch Schwester Quelle:
wie ist sie nütze in ihrer Demut,
wie köstlich und keusch.

Gelobet seist du, Herr,
durch Bruder Feuer,
durch den du zur Nacht uns leuchtest.
Schön und freundlich ist er am wohligen Herde,
mächtig als lodernder Brand.

Gelobet seist du, Herr,
durch unsere Schwester, die Mutter Erde,
die gütig und stark uns trägt
und mancherlei Frucht uns bietet
mit farbigen Blumen und Matten...

Zum Schluss hin heißt es, und das ist fast unglaublich: „*Gelobt seist du, Herr, durch unseren Bruder, den leiblichen Tod...*" Ob ich jemals so reden können werde? Ob irgendjemand jemals wieder so wird reden können?

Gedichte schreiben

Wieder so eine Begegnung. Im Sommer 2001 lernte ich in New York einen Psychiater kennen. Wir hatten nicht viel Zeit miteinander, aber für ein Mittagessen und eine Tasse Kaffee reichte es. Ich erzählte von meiner klinischen Ausbildung zu Beginn der 70er Jahre auf Long Island, berichtete, wie ich das Aufkommen der Psychopharmaka in jener Zeit miterlebt hatte und die Entstehung einer gemeindenahen Psychiatrie. Für einen jungen deutschen Pfarrer war das damals alles furchtbar aufregend.

Dann fragte ich, was denn heute in der amerikanischen Psychiatrie wichtig sei. Ob es ähnlich revolutionäre Entwicklungen gäbe? Er wiegte mit dem Kopf, er könne diese Frage gar nicht so einfach beantworten, aber in seiner eigenen Praxis habe er etwas ganze Neues und Aufregendes entdeckt. Er bitte seine Patienten, Gedichte zu schreiben. Eine ganze Reihe von Untersuchungen wiesen darauf hin, dass dies erstaunlich therapeutisch wirke, auch bei sehr kranken Patientinnen und Patienten.

Wie, Gedichte schreiben? Wie soll das gehen? Ich dachte an meine eigenen, sehr bescheidenen literarischen Versuche. Meine Verse seien immer sehr schnell abgestürzt und nie ins Laufen gekommen. Tja, meinte er, natürlich könne er als Doktor nicht einfach Gedichte verschreiben. Aber er würde immer wieder Menschen einladen, doch zu Feder und Papier zu greifen. Wichtig dabei sei, dass er ihnen eine Struktur vorgebe. Eine sehr einfache Struktur, die sich an das japanische Haiku anlehne, eine lyrische Kurzform mit einer sehr begrenzten Anzahl von Zeilen und Silben. So fordere er seine Patienten auf: Schreiben Sie bitte ein Gedicht, das aus elf Worten in fünf Zeilen besteht. Ein Wort in der ersten Zeile, zwei Worte in der zweiten, drei Worte in der dritten, vier Worte in der vierten und wieder ein Wort in der fünften und letzten Zeile. Das ganze sieht dann so aus:

Wort
Wort Wort
Wort Wort Wort
Wort Wort Wort Wort
Wort

Nach dieser kurzen Begegnung und einem anschließenden schönen Urlaub begann ich diese Form auszuprobieren, für mich selbst und zusammen mit anderen. Das Ergebnis war verblüffend. Welch große Wirkung geht doch von dieser kleinen Übung aus. Inzwischen höre ich von unzähligen Menschen: Wir haben mit solchen Gedichten angefangen und es tut uns unendlich gut. Es ist eine neue Möglichkeit, dem Ausdruck zu verleihen, was in uns ist, an Unruhe, an Kränkung, an Sehnsucht, an Traurigkeit usw. Es ist eine Möglichkeit, die Einsamkeit zu verlassen, eine Möglichkeit, die Resignation in Kreation zu verwandeln, eine Möglichkeit, zu einem neuen Selbstbewusstsein, ja, Selbstwertgefühl zu kommen. Ich kann etwas, mir gelingt etwas, ich bin zu etwas gut. Und das, was mir da eben gelungen ist, liegt vor mir, ich kann es lesen, kann darüber staunen, kann es bearbeiten, kann es anderen zeigen, kann mich daran freuen, kann es mit dem vergleichen, was gestern oder vorgestern entstanden ist, kann mit ihm ins Gespräch kommen usw.

Hilfreich ist auch hier die Wiederholung, das Ritual, die Übung. Beim ersten Mal hänge ich noch an der Struktur, beim zweiten und dritten Mal „arbeite" ich noch an meinem Gedicht. Aber irgendwann beginnt es zu fließen, zu geschehen. Ich bin dann immer noch Autor, werde aber immer mehr auch noch zum Zeugen dessen, was da aus meiner Feder fließt.

Hier sind ein paar „*Elfchen*", wie sie jemand einmal von der Wortzahl her getauft hat – entstanden bei einem Wochenendseminar für Mitarbeiterinnen und Mitarbeiter eines Hospizvereins. Sie werden sehr schnell entdecken, dass keiner der Autorinnen und Autoren jemals den Literaturnobelpreis gewinnen wird. Aber das ist auch nicht der Sinn. Der Sinn liegt darin, sich in Vertrauen, in Zuversicht einzuüben und sich immer wieder darin zu gründen.

Ja
es ist
mein glückliches Leben –
alles andre ist nur
Drumherum

Hoffnung
Hoffnung ist
Hoffnung ist Leben
Ohne Hoffnung bin ich
Nichts

Sonne
Wärme uns
Erleuchte die Dunkelheit
Mache uns Menschen freundlich
Danke

Stern
Funkelnder Stern
strahlt des Nachts
gibt Wohlgefühl für meine
Seele

Nur
Liebe bringt
dem Herzen Frieden
Frieden der die Welt
durchdringt

Nähe
Du Ich
wir sind zusammen
sind uns sehr vertraut
Wärme

Die Teilnehmenden hatten übrigens die schöne Idee, alle Gedichte mit Bildern zu versehen und zu einem schmalen Bändchen zusammenzustellen. Es wurde ein Geschenk für Freundinnen und Freunde der Hospizarbeit. Ich erinnere an die Worte Hellmut Gollwitzers: *„Erfülltes Leben ist Leben, das nicht um sich selbst kreist..."*
Noch einmal ein Hinweise für den Fall, dass Sie es selbst

versuchen möchten. Setzen Sie sich beim Schreiben nicht unter Druck. Fangen Sie einfach an. Bringen Sie das erste Wort zu Papier und lassen Sie das Weitere einfach geschehen.

7.3 Wenn es schwer wird

Manchmal wird das Leben zur Last. Manchmal wird es zu einer fast unerträglichen Last. Mich erschüttert immer wieder von Neuem, was Menschen erleiden müssen, an Gewalt, an Unrecht, an Not. Es gibt eine Tiefe, vor der ich jedes Mal verstumme.

Hiob

Eine auch heute noch ergreifende Erzählung ist das Buch Hiob in der Bibel. Hiob, Sie erinnern sich, war ein frommer und rechtschaffener Mann. Und dann wird ihm alles aus den Händen gewunden. Er verliert sein Vieh, sein Gesinde, sein Anwesen, seine Kinder, seine Gesundheit. Alles. Am Schluss sitzt in der Asche, mutterseelenallein, von oben bis unten mit Geschwüren bedeckt. Es ist zum Erbarmen.

Aus diesem Elend heraus beginnt seine Seele zu schreien. Sie findet Worte von einer noch nie gekannten Kühnheit, Worte voller Zorn und Empörung, die er einem Gott entgegenschleudert, der ihm völlig unbegreiflich geworden ist. Nein, dieses Leben ist kein Leben mehr. Verflucht sei der Tag, an dem es geboren wurde. *„Die Pfeile des Allmächtigen stecken in mir, mein Geist muss ihr Gift trinken..."* (Hiob 6,4), sagt er und: *„Ausgelöscht sei der Tag, an dem ich geboren bin, und die Nacht, da man sprach: Ein Knabe kam zur Welt..."* (3,1) und: *„Mich ekelt mein Leben an. Ich will meiner Klage ihren Lauf lassen und reden in der Betrübnis meiner Seele..."* (10,1).

Alle guten Ratschläge, alle Vorhaltungen und Erklärungen weist er wütend zurück. *„Ihr seid Lügentüncher und* *unnütze Ärzte"*, bekommen die vermeintlichen Freunde zu hören. *"Was ihr zu bedenken gebt, sind Sprüche aus Asche; eure Bollwerke werden zu Lehmhaufen. Schweigt doch still und lasst mich reden ..."* (13,4.12f)

Das ist das Neue, das ist das Unerhörte. Da besteht ein Mensch auf seinem Recht, Missbrauch, Gewalt und Leid zu benennen und dafür Gott in die Pflicht zu nehmen. Für Hiob ist dieser Gott eine Zumutung. Und dieser Gott wird ihm am Ende zustimmen. Hiob hat recht geredet (42,7). Gotteskritik, Gottesklage und Gottesanklage gehören zum Glauben und stehen nicht außerhalb des Glaubens. Seit den Tagen Hiobs wissen wir das.

Viel ist schon erreicht, wenn es mir möglich ist, mein Leid, meine Trauer, meinen Zorn, meine Angst nicht in mir zu verschließen, sondern auszusprechen und damit auch herauszusprechen. Und manchmal geschieht ein Wunder, ein Wunder, wie es am Anfang der Hioberzählung in einer kleinen Szene festgehalten wird: Ein paar aus dem Freundeskreis hören von Hiobs Leid. Sie machen sich auf den Weg, um ihn zu besuchen. Von ferne sehen sie ihn sitzen. Mit einer Scherbe schabt er sich die Geschwüre auf. Es bricht ihnen fast das Herz. Aber sie nehmen nicht Reißaus. Sie gehen weiter. Und dann kommt diese wunderbare Szene: *"Sie setzten sich zu ihm auf die Erde und redeten nichts, sieben Tage und sieben Nächte, denn sie sahen, dass sein Schmerz sehr groß war."* (2,13)

Ich lade immer wieder Menschen ein, ihr Leid, ihre Empörung, ihren Kummer in einen Psalm zu kleiden. Und dann sitzen wir zusammen, manchmal in einer kleinen Gruppe, und reden nichts, weil wir spüren, wie groß der Schmerz ist.

Da schreibt ein Vater auf, wie sein Sohn Tim, gerade einmal achtzehn Jahre alt geworden, in einem Unfall verstümmelt wurde. Schreibt, wie er in einer gekachelten Halle an der Bahre mit einem zerstörten Leichnam steht und in dem geschundenen Gesicht sein Kind erkennt. Schreibt auf, was an Erinnerungen kommt bis hin zu dem Tag, an dem die

Polizisten frühmorgens an der Haustür stehen und hereindrängen. Sie müssten mit ihm sprechen. Schreibt den Zorn auf, den er für einen Gott empfindet, der seinen Sohn nicht beschützte:

Wie oft habe ich dich, als du noch ein kleiner Junge warst, nachts wieder zugedeckt und habe dein schlafwarmes Gesicht geküsst. Wie oft bist du nachts in unser Bett gekommen ...

Die Herzen flogen dir zu, wo du auch hinkamst. Schmücken konnte man sich mit dir. Wie viel hast du uns allen bedeutet. Und nun bist du tot ...

Immer wieder und wieder treibt mich die Vorstellung um, was deine letzte bewusste Erfahrung gewesen sein muss. Was hast du noch gesehen, was noch gespürt? War da noch ein flüchtiges Erschrecken, eine Ahnung des Kommenden? Was hast du noch gedacht, gesagt vielleicht ...

Und wo warst du, Gott? Wo war deine bewahrende Hand? Warum hast du zugelassen, dass dieses Kind stirbt? Wie viele Kerzen habe ich in deinen Kirchen angezündet, um meine Bangigkeit zu mildern, nutzlos und vergeblich. Du warst nicht dort, als Tim dich gebraucht hätte. Du warst einfach nicht dort ... (Oskar Mittag)

Andere für mich

Manchmal meint man ja, tiefer, nein, tiefer könne es nicht mehr gehen. Aber es kann. Wenn es jemand schafft, sich zu äußern, das heißt, etwas vom Inneren nach außen zu bringen, dann bedeutet das ein Stück Entlastung. Wenn es jemand schafft, dafür einen Adressaten zu benennen, jemanden, den oder die er anreden kann, dann entsteht noch eine Richtung. In beidem ist eine Energie spürbar, die sich nach

Leben ausstreckt, eine Kraft, die auf Gestaltung aus ist. Schwerer, sehr viel schwerer wird es, wenn dies nicht mehr möglich ist, das Äußern nicht mehr und die Anrede nicht mehr. Auch nicht die Anrede an Gott. Da ist kaum noch etwas, was am Leben hält.

In meinem Bücherregal steht seit vielen Jahren ein schmales Buch, in dem ein Ehepaar von der Depression erzählt, an der die Partnerin erkrankt ist. Beide sind in der Krankenhausseelsorge tätig. Vielleicht liegt hier ein Schlüssel für die große Sensibilität im Erzählen. An einer Stelle denkt Ingrid Weber-Gast, die Autorin, darüber nach, welche Rolle ihr Glaube in ihrer Krankheit spielt. *„Hat mir Gott tragen geholfen?"*, fragt sie. Sie schreibt:

Diese Frage war für mich schwer zu beantworten. Im Abgrund meiner Krankheit hat mir letztlich nichts mehr geholfen. Da galt es nur, meinen Willen zum Durchstehen, zum Überleben zu stärken, damit ich mich nicht selber aufgab. Geholfen hätte mir in dieser Klage nur eines: das Ende der Krankheit oder zumindest deren Linderung. Und auf eine solche unmittelbare Weise hat Gott nicht eingegriffen. Geholfen haben die Medikamente, die langsam die unendliche Schwere auflockerten, geholfen hat die Stimme meines Mannes an meinem Ohr, der mir versicherte, er gebe es nicht auf, auf Heilung zu hoffen – er hoffe an meiner Stelle ...

Vielleicht liegt darin eine Aussage, über die hinaus man nicht gehen kann. Aber immerhin, sie bleibt und behält ihren Wert: Andere hoffen für mich, andere beten für mich, andere denken an mich. Und auch wenn es nur einer oder eine ist, nur ein Mensch, der für mich hofft, für mich betet, an mich denkt, und wenn es nur einer ist, es bedeutet einen Unterschied. Dessen bin ich mir gewiss.

Noch tiefer: Für manche Menschen ist die Qual so groß, dass das Leben nicht mehr lebenswert erscheint. Die Einstellung der Kirchen zum Suizid war über Jahrhunderte hinweg erschreckend und beschämend. „*Du hast dir nicht das Leben gegeben, du hast kein Recht, es dir zu nehmen.*" Viel mehr fiel ihnen dazu nicht ein. Gnadenlos wurde dieser Lehrsatz wiederholt, so als ob niemals irgendjemand zugehört hätte, niemals irgendjemand versucht hätte, sich einzufühlen und zu verstehen. Ingrid Weber-Gast:

Auch der Gedanke an einen Selbstmord ist mir nicht erspart geblieben. Abgehalten von ihm hat mich einmal die innere Müdigkeit, die nicht einmal mehr zu einem solchen Entschluss fähig gewesen wäre, und eben diese Stimme an meinem Ohr, die mich bat: ‚Geh nicht weg, Ich brauche dich!' Nein, der Gedanke an Gott hat die Schwere des Erlebens nicht aufgelockert und er hat mich nicht etwa vom Selbstmord weggelockt, im Gegenteil. Die Vorstellung, es gebe einen gütigen Gott, der versprochen habe, die Menschen gebrochenen Herzens zu trösten, hatte eher etwas Verführerisches an sich: nämlich zu ihm zu fliehen, da mir das Leben eben jenen Trost nicht mehr bieten konnte. Eigenartigerweise habe ich nie daran gedacht, Gott könnte mich strafen, wenn ich zu ihm flüchtete. Selbst in tiefster Dunkelheit hatte ich die feste Überzeugung, Gott – wenn es ihn gibt – würde es nicht über sein Herz bringen, einen Hoffnungslosen von sich zu weisen, der bei ihm seine Zuflucht suchte.

Worte, die sehr viel näher bei dem Mann aus Nazareth sind als so manche kluge theologische Aussage. Immer wieder wird von Jesus erzählt, dass das Leid von Menschen ihn „*erbarmte*".

Das griechische Wort dafür, splanchnizestai, meint wörtlich: das Herz im Leib herumdrehen.

Wenn es überhaupt einen Trost gibt, dann vielleicht den, dass das Leid mancher Menschen Gott selbst das Herz im Leib herumdreht.

Nicht ewig Nacht

Ich habe im ersten Teil dieses Kapitels Helmut Gollwitzer zitiert, den so redlichen und leidenschaftlichen fränkischen Theologen, der vielen in der Zeit der Studentenbewegung in Berlin zum wichtigen Gesprächspartner wurde. Auch an dieser Stelle, zum Schluss dieses Kapitels stehen Verse von Gollwitzer vor mir. Wenn ich an das abgrundtiefe Leid denke, das manche Menschen befällt, dann könnte ich nicht weiterleben ohne einen Funken Hoffnung. Dabei weiß ich sehr wohl, wie empfindlich ich reagiere, wenn jemand allzu sicher von seiner Hoffnung spricht.

Die Verse von Hellmut Gollwitzer, „*Bekenntnis*" nennt er sie, kann ich hören und aushalten. Auch dann, wenn ich an die Freunde Hiobs denke, die mit ihm in der Asche sitzen, oder an die Frau, die eben zu Wort kam, und an ihren Mann, der an ihrer Seite blieb. Mit seinem bisschen Glauben an ihrer Seite blieb und versicherte: Es ist auch für dich.

Die Nacht wird nicht ewig dauern.
Es wird nicht finster bleiben.
Die Tage, von denen wir sagen,
sie gefallen uns nicht,
werden nicht die letzten Tage sein.
Wir schauen durch sie hindurch
vorwärts auf ein Licht,
zu dem wir jetzt schon gehören
und das uns nicht loslassen wird.

Wieder ist vom Licht die Rede, einem Licht, das uns empfangen wird und in dessen Schein wir jetzt schon getaucht sind.

Marc Chagall: Dem anderen Lichte zu, Lithographie (1985)

8. Was auf mich wartet

Herbst

*Die Blätter fallen, fallen wie von weit,
als welkten in den Himmeln ferne Gärten;
sie fallen mit verneinender Gebärde.*

*Und in den Nächten fällt die schwere Erde
aus allen Sternen in die Einsamkeit.*

*Wir alle fallen. Diese Hand da fällt.
Und sieh dir andre an: es ist in allen.*

*Und doch ist Einer, welcher dieses Fallen
unendlich sanft in seinen Händen hält.*

Rainer Maria Rilke (1875–1926)

Kein Zweifel, Rilke war ein *"homo religiosus"*, ein tief religiöser Mensch. Viele seiner Gedichte leben von einem Gegenüber. Oft spricht er dieses Gegenüber mit traditionellen Bildern an, *"Du Erlauchter"* oder *"Du Ewiger"* oder *"Du Nachbar"* oder *"Du Schatz"*. Manchmal werden die Bilder kühner, reden von dem *"uralten Turm"* oder sagen, noch kühner, *"Du bist der raunende Verrußte"*. Dann bleiben sie wieder ganz konventionell. Das Gegenüber heißt *"Gott"* oder *"Herr"*.

Das Gedicht „Herbst" ist am 11. September 1902 in Paris entstanden und gehört zum *"Buch der Bilder"*. Es sind schlichte Verse, in denen das Gegenüber fast ganz zurückgenommen ist. Erst die vorletzten Zeile spricht von dem *"Einen"*.

Das Gedicht lebt von einer einzigen Bewegung, einer einzigen Gebärde, dem *"Fallen"*, und erst zum Schluss hin kommt ihr von dem *"Einen"* eine andere Gebärde entgegen, das *"Halten"*. Es sind sehr dichte, innige und auch ein wenig träumerische Gedanken. Mich wundert nicht, dass dieses kleine Werk, von der Kritik eher gering geschätzt, zu den bekannten und beliebten, ja, geliebten Gedichten Rilkes gehört.

Ein großes und stilles Vertrauen liegt über diesen Zeilen. Und ganz leicht lassen sich die Bilder übertragen, hin zu der Urgebärde des Sich-fallen-lassen-Könnens. Ich kann mich fallen lassen, weil ich darauf vertraue, gehalten zu werden.

8.1 Sich fallen lassen

Wir alle kennen die Szene. Ein Vater mit seiner kleinen Tochter oder dem kleinen Sohn auf einem Spaziergang durch einen Park. Ein Spielplatz mit einem Klettergerüst, dicke Seile, auf denen man in die Höhe kommt. Das Kind versucht es. Die erste Stufe, dann die zweite Stufe und noch eine Stufe höher. Geschafft! Stolz winkt es nach unten.

Der Weg nach unten freilich ist komplizierter. Rückwärts scheinen die Entfernungen von Stufe zu Stufe viel größer zu sein. Der Vater bemerkt die Unsicherheit und breitet seine Arme aus: *„Komm, spring, ich fang' dich auf."* Auf das anfängliche Zögern hin nochmals die Versicherung: *„Komm, es kann nichts passieren, ich fang' dich auf."* Und so geschieht es. Das Kind fällt in starke Arme.

Erinnern Sie sich noch an dieses Gefühl? Ich sehe nach unten. Ich sehe das freundliche Gesicht und die einladenden Arme. Ich höre die werbende Stimme. Einmal, zweimal. Ich weiß ja, dass ich dieser Stimme vertrauen kann. Und doch dauert es eine kleine Ewigkeit, bis ich meine Furcht überwinde, mich abstoße und fast im selben Augenblick noch aufgefangen werde.

Völlig vertrauen

Es gibt eine erwachsene Variante zu dieser Erfahrung. Henri Nouwen (1932–1996), der bekannte Priester und geistliche Lehrer, erzählt von seiner Bekanntschaft mit eine Gruppe von Trapezkünstlern. Oft genug hatte er sie in ihrer atemberaubenden Artistik bewundert, hatte immer wieder darüber gestaunt, mit welcher Meisterschaft sie ihre Kunststücke gestalteten. Und immer wieder war da der Augenblick des Bangens. Wird dieser Salto gelingen? Werden sich die Hände finden? Nicht auszudenken, was passierte, wenn sie daneben griffen:

Eines Tages saß ich mit Rodleigh, dem Leiter der Truppe, in seinem Wohnwagen und unterhielt mich mit ihm übers Fliegen durch die Luft. Er sagte: „Als Luftspringer muss ich absolutes Vertrauen auf den haben, der mich auffängt. Sie und das Publikum halten vielleicht mich für den großen Star am Trapez, aber der wirkliche Star ist Joe, mein Fänger. Er muss für mich im Bruchteil einer Sekunde parat sein und mich aus der Luft angeln, wenn ich in hohem Bogen auf ihn zufliege."
„Wie klappt das immer?", fragte ich zurück. „Nun", sagte

Rodleigh, „das Geheimnis besteht darin, dass der Flieger nichts tut und der Fänger alles! Wenn ich auf Joe zufliege, muss ich bloß meine Arme und Hände ausstrecken und darauf warten, dass er mich auffängt und sicher auf die Rampe zurücksetzt."
„Und Sie tun dabei nichts!", erwiderte ich ziemlich überrascht. „Nein, gar nichts", wiederholte Rodleigh. „Das Schlimmste, was der Flieger tun kann, ist, nach dem Fänger greifen zu wollen. Aber ich soll ja nicht den Joe auffangen, sondern er mich. Würde ich nach Joes Handgelenken greifen, könnte ich sie brechen oder er könnte die meinen brechen und das wäre für uns beide das Aus! Ein Flieger soll nichts als fliegen, ein Fänger nichts als auffangen; und der Flieger muss mit ausgestreckten Armen völlig darauf vertrauen, dass sein Fänger im richtigen Augenblick nach ihm greift!"

Ich stelle mir vor, dass es einmal so sein wird. Ich werde loslassen müssen, ganz loslassen müssen und ich werde darauf vertrauen dürfen, völlig vertrauen, dass ich aufgefangen werde und nicht ins Bodenlose stürze. Und ich werde nichts machen müssen. Im rechten Augenblick wird Gott nach mir greifen. Ich muss nichts von mir aus dazu tun.

Schritt für Schritt

Alle vorhergehenden Seiten, ich hoffe, das ist deutlich geworden, wollten dazu Mut machen: loslassen lernen, Schritt für Schritt, sich im Kleinen einüben, damit das Große gelingen kann. Ein Leben lang loslassen, damit ich am Ende genügend Sicherheit in dieser Gebärde gefunden habe. Ein paar der vielen Hilfen annehmen, die uns dazu angeboten werden. Ich erinnere noch einmal an einige Stichworte:

– Ich erinnere an die große Herausforderung, das Sterben ins Leben zu holen, über den Fluss zu schauen, täglich zu sterben, damit wir nicht sterben, wenn wir sterben.

- Ich erinnere an die Arbeit an der eigenen Person, an Selbstwerdung, Versöhnung, Loslösung.
- Ich erinnere an das Geschenk des Atems, den Königsweg zur Spiritualität, an das Ausatmen und an die Atempause.
- Ich erinnere an das atmende Beten, an das Herzensgebet, an das Heilungsgebet, an das Auflegen der Hände.
- Ich erinnere an unsere Leiblichkeit, sich nach unten zu gründen, sich zu verwurzeln, sich zu verankern und zum Himmel hin geöffnet zu bleiben.
- Ich erinnere an die Schatztruhe unseres Lebens, in der wir all die Kostbarkeiten aufbewahren, die uns entgegenkommen.

Ich will freier werden, das Klammern und das Krampfen aufgeben, die Bitterkeit und das Misstrauen aufgeben, die Kontrolle aufgeben und die Furcht. Am Ende, ganz am Ende soll nur noch Liebe sein, heilende Wärme und Licht. Ich weiß, dass es das gibt. Immer wieder bin ich Menschen begegnet, die mir am Abend ihres Lebens gesagt haben: *„Ich habe keine Angst mehr. Durch diese Zeit bin ich hindurch. Jetzt bin ich ruhig und gelöst, ja, ich bin neugierig auf das, was kommt."* Menschen, bei denen ich in die Schule gehen durfte, Menschen, für die ich unendlich dankbar bin.

Leicht sein

Vor vielen Jahren schon stieß ich beim Stöbern in einer Buchhandlung auf eine Gebetssammlung. Die Verfasserin, so las ich auf der Rückseite, sei Krankenhausseelsorgerin in der Schweiz, also eine Kollegin. Mein Interesse war geweckt. Und dann entdeckte ich ihn, einen kleinen Text, und wusste sofort, dass ich einen Schatz gefunden hatte.

Seitdem liegt dieser Schatz in meiner Truhe. Nein, ich habe ihn dort nicht weggesperrt. Immer wieder öffne ich diese Truhe und schaue mir all die Schätze an, die ich dort aufbewahre. Vieles habe ich durch Zufall gefunden, es ist mir einfach zugefallen.

Manchmal nehme den einen oder anderen Schatz heraus, betrachte ihn, bewege ihn zwischen meinen Fingern und in meinem Herzen, freue mich daran und lege ihn wieder zurück. Dieser Schatz ist mir besonders wertvoll, weil er einen Wunsch in mir weckt, den Wunsch, ja, so möge es einmal sein:

Wie ein Herbstblatt
sich leise löst
vom Baum,
so möchte ich
mein Leben lassen,
wenn die Zeit
reif geworden ist.
Leicht möchte ich sein,
nicht festhalten wollen,
im Fallen noch
mich dir entgegenfreuen.

(Sabine Naegeli)

8.2 Hoffnungsbilder

Wenn wir an das Sterben am Ende unseres Lebens denken, dann stehen wir vor einer Entscheidung. Wir können uns dafür entscheiden, dass jetzt alles aus ist – aus, Ende, vorbei. Bertolt Brecht hat ein Gedicht „*Gegen Verführung*" geschrieben. Kämpferisch beginnt es. Die vier Strophen sind nummeriert und erhalten so den Charakter einer Verlautbarung, mehr noch, eines Appells, eines beschwörenden Appells. Die erste Strophe:

Lasst euch nicht verführen!
Es gibt keine Wiederkehr.
Der Tag steht in den Türen;
Ihr könnt schon Nachtwind spüren:
Es kommt kein Morgen mehr.

Das sind Verse ganz im Geist klassischer Religionskritik. Viele andere haben das so oder so ähnlich gesagt, vor Brecht und nach Brecht. Vielleicht nicht mit dieser schnoddrigen und durchaus suggestiven Sprachgewalt. Dabei taucht wie auch hier sehr oft eine Unterstellung oder zumindest ein Verdacht denen gegenüber auf, die anderer Meinung sind, der Verdacht der Unredlichkeit, der Naivität, der Illusion, der Verführung.

Zu einer ganz anderen Entscheidung kommt Marie Luise Kaschnitz in ihrem Gedicht „*Leben nach dem Tode*". Wiederum die erste Strophe:

Glauben Sie fragte man mich
An ein Leben nach dem Tode
Und ich antwortete: ja
Aber dann wusste ich
Keine Auskunft zu geben
Wie das aussehen sollte
Wie ich selber aussehen sollte
Dort

Verse, die ganz anders wirken: eine große, glaubwürdige Gewissheit, aber diese Gewissheit führt sofort in eine Verlegenheit. Ja, ich glaube an ein Leben nach dem Tod, nur wie das aussehen soll, das weiß ich nicht.

Das ist die Schwierigkeit: Für diesen Glauben ist unsere Sprache zu klein und zu eng. Wir können ihn nur in Vorstellungen ausdrücken, in Bildern, in Vergleichen, in Geschichten und stoßen dabei immer wieder an Grenzen, weil jeder dieser Versuche unzureichend und ergänzungsbedürftig ist. Und dennoch ist es wichtig, nicht zu verstummen, denn selbst in dieser so unzulänglichen Sprache teilt sich etwas mit.

Meditationslehrer sprechen gern vom Licht, das sich in einem Glasfenster bricht. Das Licht selbst, Gott, können wir nicht sehen. Wir sehen es nur in der Brechung des Glasfensters. Hier leuchtet diese letzte Wirklichkeit in einer bestimmten Form auf, in der Form eines Bildes, einer Vergleichs oder einer Geschichte. Aber diese Form ist nicht das Licht. Sie weist lediglich auf das Licht hin. In ihr strahlt das Licht auf.

Es gibt eine Reihe von Hoffnungsbildern, Bildern, die sich nicht mit der Todesgrenze zufrieden geben. Dabei ist eine Entwicklung festzustellen. Für die Hebräische Bibel liegt die Bestimmung des Menschen noch darin, *„alt und lebenssatt"* zu sterben. So geht etwa Abrahams Leben zu Ende (1. Mose 25,8). So stirbt Isaak, sein und Saras Sohn (1. Mose 35,29). Gott wird dabei zunächst einmal nur als Gott der Lebenden gesehen. Aus der Beziehung zu diesem Gott der Lebenden fällt der Mensch im Tod heraus. Mit bewegenden Worten beklagt das *„Lied des Königs Hiskia"* (Jesaja 38,10-20) ein frühes Sterben, beklagt aber vor allem das Getrenntsein von Gott: *„Nun muss ich zu des Totenreichs Pforten fahren in der Mitte meines Lebens, da ich doch hoffte, noch länger zu leben. Nun werde ich den Herrn nicht mehr schauen im Land der Lebendigen..."*

Irgendwann befriedigt diese Aussage nicht mehr. Wenn Gott der *„Liebhaber des Lebens"* (Weisheit Salomos 11,26) ist, dann kann er doch nicht das Ende eines menschlichen Lebens, sondern nur die Vollendung dieser Lebensgeschichte wollen.

So wird, noch vor Christus, die Hoffnung laut, dass mit dem Tod doch nicht alles aus ist, dass Gottes Liebe weitergeht. Es sind einzelne Stimmen, zurückhaltende Stimmen, die darauf bestehen. Sie verzichten auf jedes Ausmalen und halten lediglich an dem Du Gottes fest und verankern dort ein Vertrauen, das über den Tod hinausweist. So in dem Palmwort, von dem schon einmal die Rede war:

Dennoch bleibe ich stets an dir, denn du hältst mich bei deiner rechten Hand, du leitest mich nach deinem Rat und nimmst mich am Ende mit Ehren an. Wenn ich nur dich habe, so frage ich nichts nach Himmel und Erde. Wenn mir gleich Leib und Seele verschmachten, so bist du, Gott, doch allezeit meines Herzens Trost und mein Teil... (Psalm 73,23-26).

Die Ostererfahrung des Neuen Testamentes treibt diese Hoffnung noch ein ganzes Stück weiter. Mit dem Tod, so behaupten die Freundinnen und Freunde Jesu, sei etwas geschehen. Er habe seine Macht verloren. Deswegen lassen sie sich nicht mehr mit einem „*Aus, Ende, Vorbei*" abspeisen, sondern behaupten, gegen allen Anschein, dass unsere Zukunft offen ist. Eine verwegene Hoffnung, die über unsere Lebenszeit hinausreicht und auf eine Ganzheit, auf eine Einheit, auf eine Erfüllung des Lebens pocht. So entstehen Hoffnungsbilder, in die ich mich fallen lassen kann. Sie umhüllen mich wie ein warmer Mantel.

Ewiges Leben

Ich selbst lasse mich gerne von dem Wort „*ewiges Leben*" umhüllen. Unsere Geschichte soll zu einer sinnvollen Einheit kommen. Dabei nimmt dieses Bild all das auf, was uns jetzt schon erfüllt. Das Streben nach Wahrheit erfüllt uns, nach Freiheit, nach Gerechtigkeit. Die Suche nach Gott erfüllt uns. Wir erleben Freude, feiern Feste und stiften Frieden. Aber solche Erfahrungen sind unvollkommen und gebrochen. Unser Streben nach Wahrheit, Freiheit, Gerechtigkeit erleidet immer wieder Schiffbruch. Wir haben keinen Erfolg, werden müde, geben auf. Neben der Freude wohnt die Traurigkeit, ein Fest geht zu Ende und wird vom Alltag abgelöst. Der Frieden ist ständig bedroht. Gott entzieht sich uns immer wieder. Wie ist demgegenüber ewiges Leben vorstellbar?

So wie es sich die Mystik vorgestellt hat? Etwa Angelus Silesius in seinem Cherubinischen Wandersmann?

Ich selbst bin Ewigkeit, wenn ich die Zeit verlasse,
Und mich in Gott, und Gott in mich zusammenfasse.

Oder so – die Theologie spricht von *unio* oder von *communio* –, wie es Ludwig Hirsch, besungen hat?

Ich werd' singen, ich werd' lachen,
ich werd' „das gibt's net" schrei'n.
Ich werd' endlich kapieren,
ich werd' glücklich sein.
Ich werd' singen, ich werd' lachen,
ich werd' endlich glücklich sein.

Oder so wie es Hella geschaut hat? Alles Leid, alles Unglück ist zu Ende. Jetzt ist nur noch Freude, unaufhörliche Freude:

Mich umgab ein warmes, mildes, wunderbares Gold. Das Gold war um mich herum, es drang in mich ein, es erfüllte mich, sodass es kein Innen und kein Außen mehr gab. Ich befand mich in einem unendlich milden, goldenen Leuchten ...

Ewiges Leben. Wie wird es sein?

Auferstehung

Ich mag auch das Hoffnungsbild „*Auferstehung*". Das Körperliche daran mag ich, das Aufstehen in diesem Bild. Seit meiner Zeit in der Klinikseelsorge erst weiß ich, was das heißt. Bis dahin war es auch für mich selbstverständlich: jeden Morgen aufstehen, ja, jeden Morgen aufstehen müssen. Im Krankenhaus habe ich gelernt, welches Privileg es ist, aufstehen zu können. Manche Patienten und Patientinnen haben Monate oder gar Jahre lang darauf gewartet: aufstehen dürfen, endlich aufstehen dürfen. Ein Wunder.

Wunderbar auch die Entwicklungsgeschichte, die hinter diesem so einfach anmutenden Aufstehen liegt. Ich empfinde viel Demut, viel Ehrfurcht, wenn ich mir diese Geschichte klar mache: Seit 17 Milliarden Jahren gibt es den Kosmos.

Vor etwa 3,6 Milliarden Jahren entsteht das Leben. Es kommt zu einer unvorstellbaren biologischen Kreativität. Millionen von Arten entfalten sich. Sie kommen, sie blühen eine Zeit lang auf, sie sterben aus. Auf geheimnisvolle Weise ist Gott der Schöpfer all dieser Formen, die im Evolutionsprozess entstehen. Erst in jüngster Zeit, vor zehn Millionen Jahren, spaltet sich die Hominidenlinie ab, die Linie der Vorvorfahren der menschlichen Spezies. Sie sind noch Lebewesen, die auf allen Vieren gehen.

Im Lauf von Jahrmillionen treten anatomische Veränderungen auf, die eine erste Aufrichtung ermöglichen und schließlich das aufrechte Gehen: Die Hintergliedmaße verlängern sich gegenüber den Vordergliedmaßen, das Becken verkürzt und verbreitert sich, die Hüftmuskulatur passt sich an, die Füße verändern sich, die Wirbelsäule krümmt sich nach vorne. Und wieder vergehen Millionen Jahre, in denen durch die Aufrichtung neue Lebensmöglichkeiten entstehen. Man benutzt behauene Steingeräte, benutzt das Feuer, entwickelt – der Neandertaler vor etwa 100 000 Jahren – erste Riten und Zeremonien.

Aufstehen: Ich mag auch die symbolische Bedeutung dieses Worts. In meiner Zeit als Pfarrer in der KZ-Gedenkstätte Dachau habe ich so sehr nach Menschen Ausschau gehalten, die aufgestanden sind. Ich habe damals davon gelebt, dass es wenigstens ein paar gab, die aufgestanden sind. Ein paar wenige unter den Millionen, die sich angepasst und mitgemacht haben, ein paar wenige, die nicht weggeschaut haben.

Aufstehen: eine so wichtige Geste. Manchmal mache ich mich selbst klein und ohnmächtig. Ich rede mir ein, dass ich nichts ausrichten kann. Nichts gegen die tägliche Gewalt auf der Welt, nichts gegen die Ungerechtigkeit, nichts gegen die vielen Demütigungen, denen Mitmenschen ausgesetzt sind. Dann muss ich es mir ganz bewusst machen: Du bist nicht so winzig, du bist nicht so unbedeutend. Komm aus deiner Selbstverkrümmung heraus und steh auf!

Aufstehen: Jesus ist ein Leben lang gegen Leid und Unrecht aufgestanden. Ja, seine Leidenschaft und seine Kraft waren stärker als der Tod. In seiner Nachfolge stehe ich immer wieder auf. Und dann strauchle ich wieder und weiche zurück und falle und falle in mich zusammen und stehe wieder, bis ich einmal endgültig aufstehe, hin zu ihm. Auferstehung.

Manchmal stehen wir auf
Stehen wir zur Auferstehung auf
Mitten am Tage
Mit unserem lebendigen Haar
Mit unserer atmenden Haut.

Nur das Gewohnte ist um uns.
Keine Fata Morgana von Palmen
Mit weidenden Löwen
Und sanften Wölfen.

Die Weckuhren hören nicht auf zu ticken
Ihre Leuchtzeiger löschen nicht aus.

Und dennoch leicht
Und dennoch unverwundbar
Geordnet in geheimnisvoller Ordnung
Vorweggenommen in ein Haus aus Licht.

Marie Luise Kaschnitz (1901–1974)

Unsterblichkeit der Seele

Dieses Hoffnungsbild verdanken wir im Wesentlichen der griechischen Philosophie. Seit dem 7. Jahrhundert vor Christus macht sie die Seele zum Inbegriff des Individuums. Die Seele, sagt sie, ist von göttlicher Natur und existiert vor der Geburt eines Menschen und auch nach seinem Tod. Prägend war vor allem Plato (427–347), der Schüler des Sokrates. Der Tod wird bei ihm zum Fest der Freiheit. Der Leib, das Sterbliche am Menschen stirbt, die unsterbliche und unzerstörbare Seele wird von diesem Gefängnis erlöst und zu sich selbst befreit.

Seit dem 2. Jahrhundert nach Christus wirken diese Unsterblichkeitsvorstellungen immer stärker in das christliche Denken ein. Für den Kirchenlehrer Augustinus (354–430) hat die Seele des Menschen an den ewigen Wahrheiten teil und ist deswegen unsterblich. Seit dem 5. Laterankonzil im Jahr 1513 ist es offizielle katholische Lehre, dass die Seele eine geistige, individuelle und unsterbliche Substanz darstellt. Neuere katholische Theologen sprechen von einem Personkern, der die Auflösung der leiblichen Existenz überdauern wird.

Unsterblichkeit ist für viele ein Hoffnungsbild, auch gerade für naturwissenschaftlich gebildete Menschen. So schreibt der Neurobiologe John Eccles, 1963 Träger des Nobelpreises für Medizin: *„Als körperliche Wesen werden wir für immer an die Erde gebunden sein. Den Tod des Körpers und des Gehirns können wir als die Auflösung unserer dualistischen Existenz betrachten. Die befreite Seele wird, so ist zu hoffen, eine andere Zukunft finden, mit einem noch tieferen Sinn und noch berückenderen Erfahrungen ..."*

Anderen Menschen, mir selbst geht es ähnlich, steht dieses Hoffnungsbild eher fern. Einmal, weil die Bibel die Aufteilung des Menschen in einen sterblichen Körper und eine unsterbliche Seele nicht kennt. Dann auch, weil die Leibverachtung bis auf die heutige Zeit viele fragwürdige Folgen gezeitigt hat, in der Medizin, in der Theologie, ja in allen helfenden Wissenschaften. Der modische Körperkult unserer Tage ist nur als extremer Pendelausschlag in das andere Extrem zu sehen.

Fern nicht zuletzt auch deswegen, weil sich nur allzu leicht eine gewisse Egozentrik in das Bild der Unsterblichkeit der Seele einschleicht. In den Hoffnungsbildern des Neuen Testaments hingegen überwiegen soziale, gemeinschaftliche Bezüge. Besonders schön in der Vision vom neuen Jerusalem (Offenbarung 21): *„Gott wird bei den Men-*

schen wohnen und sie werden sein Volk sein und Gott wird abwischen alle Tränen von ihren Augen und der Tod wird nicht mehr sein, noch Leid noch Geschrei noch Scherz wird mehr sein; denn das Erste ist vergangen."

Wiedergeburt

Das Wort von der Wiedergeburt begegnet uns in der Stimme der ersten Christen. Mitten im Leben, sagen sie, könne der Mensch wiedergeboren werden (Johannes 3,3; 1. Petrus 1,3; Matthäus 19,28; Titus 3,5).

Freilich, das Hoffnungsbild, das heute ausgesprochen beliebt ist und auf viele Zeitgenossen so anziehend wirkt, kommt nicht aus dieser Tradition, sondern ist wohl Teil dessen, was man manchmal eine *„vagabundierende Religiosität"* nennt, die sich – je nach Gefallen – hier und dort bedient.

Unser Leben ist so kurz, so unvollkommen, so fragmentarisch, so der Grundgedanke, der Tod kann einfach nicht die letzte Grenze sein. Viel leichter ist die Vorstellung, er stelle einen Übergang zu neuen Stufen der Existenz dar, einen Weg auch der Läuterung und Reifung. Hier wird aus ganz unterschiedlichen Traditionen geschöpft. Der persische Dichter Mavlana Jalauddin Rumi hat die Wiedergeburt vor Jahrhunderten so beschrieben:

Ich starb als Mineral und wurde Pflanze,
als Pflanze starb ich und wurde Tier.
Ich starb als Tier und wurde Mensch.
Warum also fürchten, im Tod zu Nichts zu werden?
Bei meinem nächsten Tod werde ich
Schwingen hervorbringen und Federn wie Engel
– was ihr nicht erdenken könnt,
ich werde es sein.

Anders der Buddhismus, auf den sich viele westliche Anhänger berufen. Er spricht vom *„Rad der Wiedergeburten"*.

Nach seiner Karmalehre (Karma = Wirken) befinden sich alle Wesen unentrinnbar in den Zuständen, die sie durch ihre Taten verdient haben. Entscheidend für den Ort und die Art der Wiedergeburt ist also das ethische Verhalten mit der Betonung auf Mitleid, Mitfreude, Gleichmut, Freundlichkeit. Auf den Augenblick des Todes folgt sofort der Beginn des neuen Lebens. Die Wiedergeburt kann als Mensch oder als Tier erfolgen oder als ein Wesen der nicht sichtbaren Welt. Das Leben soll geläutert und auf die Erkenntnis vorbereitet werden.

Buddhist sein heißt, das Leben als Leid zu erkennen und den Lebensdurst, der nur Leid schafft und doch die Quelle des Lebens ist, zum Erlöschen zu bringen. Nur für den, der so von allem Welthaften freigeworden ist, gibt es kein neues Werden und keine Wiedergeburt mehr. Er hat Frieden gefunden, er ist in den unveränderlichen Zustand des Nirvana gelangt. Geburt und Tod sind dann aufgehoben. Im Gegensatz zur milden und oft oberflächlich-unverbindlichen Aufnahme in Mitteleuropa geht es hier um die Erlösung von der Kette der Wiedergeburten, die als Schicksal, als Fluch, als unerbittliches Gesetz erfahren wird.

8.3 Ausgang und Eingang

Es gibt einen Kanon aus neueren Tagen, den ich gerne singe: *"Ausgang und Eingang, Anfang und Ende, liegen bei dir, Gott, füll du uns die Hände."* Bei diesen Versen fällt die Reihenfolge auf. Chronologisch wäre es ja korrekter vom *"Eingang und Ausgang"* zu sprechen. Aber nein, es beginnt mit dem Ausgang. Und darin steckt viel Weisheit.

Ausgang

"Alles im Aus" heißt ein Grundsatz in manchen körperorientierten Therapien, zum Beispiel in der Atemarbeit. Das Ausatmen ist wichtig, das Loslassen, das Freigeben, das

Hergeben. Aus dem „*Aus*" und nicht am „*Aus*" vorbei entsteht die neue Einatmung. In einem kleinen Selbstexperiment kann man den Unterschied ganz leicht erspüren. Ich setze mich auf einen Stuhl und stehe mit der Einatmung auf, mit dem „*Ein*". Ich setze mich wieder und diesmal stehe ich mit dem „*Aus*", mit der Ausatmung auf. Spüren Sie, dass es so eine leichtere und ein freiere Bewegung ist? „*Alles im Aus*" – ein Wort gegen die Atemlosigkeit.

„*Das Leben beginnt im Passiv*", lautet ein anderer Grundsatz. Eine Ermutigung, nicht gleich aktiv zu werden, nicht gleich zu tun und zu machen, wie es so typisch für viele Menschen ist, sondern sich zuerst einmal das Nichts spüren zu lassen, das Vakuum zu spüren und aus diesem „*Passiv*" heraus etwas entstehen zu lassen. Eine Ermutigung auch, etwas einmal zu Ende gehen zu lassen, ausklingen zu lassen, eine Tätigkeit ausklingen zu lassen, einen Tag ausklingen zu lassen, einen Eindruck ausklingen zu lassen, den Ausgang zuzulassen. „*Das Leben beginnt im Passiv*" – ein Wort gegen die Kurzatmigkeit unserer Zeit.

Wenn ich Menschen begleite, sei es in der Supervision, sei es in der Beratung, dann merke ich immer wieder, wie viel Aufmerksamkeit und Fantasie auf dem „*Eingang*" ruht, auf dem Anfang eines Kontaktes, auf dem Anfang eines Gespräches, auf dem Beginn eines Besuches, auf dem Beginn eines Konfliktes. Demgegenüber steht das Ende eines Kontaktes, das Ende eines Gespräches, der Ausgang eines Besuches, der Ausgang eines Konfliktes ganz im Schatten.

Ja, es ist sehr sinnvoll zu singen: „*Ausgang und Eingang, Anfang und Ende, liegen bei dir, Gott, füll du uns die Hände.*"

Ausgang eines Lebens

Von Theodor Fontane (1819–1898), der so humorvoll und anmutig, so nachdenklich und so ironisch schreiben konnte, stammt das Gedicht mit dem Titel *Ausgang*:

Immer enger, leise, leise
Ziehen sich die Lebenskreise,
Schwindet hin, was prahlt und prunkt,
Schwindet Hoffnung, Hassen, Lieben,
Und ist nichts in Sicht geblieben
Als der letzte dunkle Punkt.

Schlichter, einfacher, knapper kann man es kaum ausdrücken. Mit nüchternem Realismus wird der *Ausgang* gezeichnet und das ist wohltuender als so manches wortreiche und blumige Umschreiben. Hier ist kein Moralisieren und kein Kokettieren, auch nichts Eitles und Selbstquälerisches. Der Ausgang – so ist es. Wohltuend vor allem der Verzicht auf alles Beschönigen und Verbrämen.

Dieser klare und unverstellte Blick hat viel für sich. Wenn ich mich dem *Ausgang* stelle, wenn ich ihn sehe und ins Auge fasse, also etwa nicht wegschaue oder davoneile, wächst mir die Freiheit zu, diesen Ausgang auch zu gestalten. Ich ermutige Sie dazu, sich mit der Gestaltung, mit der Inszenierung Ihres *Ausgangs* zu beschäftigen. Das mag anfangs schwierig und schmerzlich sein. Es wäre fast eigenartig, wenn Sie sich nicht gegen diesen Gedanken wehrten, zumal uns unsere Kultur ständig das Gegenteil suggeriert: Denk nicht dran, das ist doch alles noch so weit weg. Lassen Sie sich also bitte nicht einreden und reden Sie es sich nicht selbst ein, die Beschäftigung mit Ihrem *Ausgang* sei unnatürlich oder gar makaber oder sonst etwas. Unsere Verleugnungskultur ist unendlich stark. Erinnern Sie sich an „*Ich möcht' im Stehen sterben, wie ein Baum, den man fällt...*"?

Das Daran-Denken, das Sich-damit-Beschäftigen ist ein Stück Integrationsarbeit, ist Arbeit an der Lebensbilanz und diese Art seelischer Arbeit heilt und versöhnt. Der dunkle Punkt, von dem Theodor Fontane spricht, wird sich lichten – durch alle Schmerzen und vielleicht auch Tränen hindurch. Es ist die Chance, noch einmal alles zu bündeln und auszusprechen, was mir wichtig ist, was bleibt und wie ich im Gedächtnis behalten werden will.

Ich erinnere noch einmal an Hella. Jahre vor ihrem Tod war sie zu mir gekommen. Ihre Bitte „*Ich möchte mit dir über meine Trauerfeier sprechen*" hat mich zunächst einmal geschockt. Die Sprache blieb mir weg. Aber im Rückblick möchte ich dieses Gespräch und die Zeit, die darauf folgte, nicht mehr missen. Unsere Beziehung war tiefer und direkter und herzlicher geworden. Wir hatten uns dem „*dunklen Punkt*" gestellt und ihm damit viel von seiner Macht und seinem Schrecken genommen.

So konkret wie möglich also: Wie soll mein Ausgang aussehen? Ich möchte Ihnen jetzt von mir erzählen, davon, was ich mir für meine Trauerfeier vorstelle. Dabei werden Sie merken, dass es momentan noch Puzzlesteine sind, die erst zu einem Gesamtbild gefügt werden wollen. Jetzt klingt alles noch unfertig, aber wie sollte es auch anders sein? Immerhin, der Anfang ist gemacht und manche Puzzlesteine passen schon zusammen. Ich vertraue es Ihnen in der Hoffnung an, dass Sie selbst Lust bekommen, sich einmal hinzusetzen und nachzudenken und vielleicht das eine oder andere zu Papier zu bringen und mit einem Menschen zu teilen, den Sie lieb haben und der Sie lieb hat.

Darüber sprechen, mit einem anderen darüber sprechen – schade, dass dies so selten geschieht. Über so vieles reden wir. Über das, was so ganz sicher auf uns zukommt, reden wir nicht, nicht mit uns selbst und nicht mit anderen. Oder wir reden darüber, wenn es denn unbedingt sein muss.

Mir schwebt etwas anderes vor. Ich denke an einen schönen Urlaubsabend. Wir sind ganz gelöst, ganz entspannt. Am Abend eines erholsamen Tages, Gläser stehen auf dem Tisch und eine Flasche guten Weins, vielleicht auch Knabbersachen. Wir haben eine Kerze angezündet. Die Flamme flackert im Nachtwind. Schatten huschen über unsere Gesichter. Und dann fangen wir einfach an ...

Komm,
komm mit mir,
wir wollen in den Abend gehen.

*Schenk noch einmal nach,
lass die Gläser klingen,
lass uns Leben schmecken.*

*Dann komm,
komm mit mir,
die Sonne geht schon unter.*

*Komm mit mir,
auch wenn es dunkel wird,
und fürchte dich nicht,*

*denn auch um den Abend,
um den Abend,
wird es licht sein.*

„Ach, denk ich, bist du hier so schön ..."

Für mich ist dieses Leben voller Wunder, Wunder, die ich nur mit Staunen und mit Dankbarkeit wahrnehmen kann. Und ich vertraue darauf, dass das nicht einfach zu Ende sein wird, wenn es einmal an das großes Loslassen am Ende meines Lebens geht. An dieser Stelle mag ich eine Sprache, die ganz einfach ist und ganz schlicht und ganz kindlich. Eine Sprache, die loben kann und staunen kann. „*Es kann nichts verloren gehen*", sagte unsere Tochter, als sie noch klein war. Und darin war sie sich sicher, ganz sicher.

Auch Paul Gerhardt spricht diese Sprache. Einer meiner Lieblingschoräle ist sein Sommerlied „*Geh aus mein Herz und suche Freud...*", ein Lied mit unendlich vielen Strophen, eine schöner als die andere. Bei meinem Ausgang wünsche ich mir die neunte Strophe:

*Ach, denk ich, bist du hier so schön
und lässt du's uns so lieblich gehn
auf dieser armen Erden:
was will doch wohl nach dieser Welt*

dort in dem reichen Himmelszelt
und güldnen Schlosse werden,
und güldnen Schlosse werden!

„Du, meine Seele singe ..."

Ich singe gern und singe viel. Deswegen möchte ich, dass bei meinem Ausgang viel gesungen wird. Paul Gerhardt ist auch der Dichter meines zweiten Lieblingsliedes: „*Du meine Seele singe, wohlauf und singe schön...*". Für mich ist es eine sehr schöne Idee, die eigene Seele anzureden. In der Bibel geschieht dies immer wieder. „*Was betrübst du dich, o meine Seele, und bist so unruhig in mir...*" heißt es einmal (Psalm 42, 6), „*Lobe den Herrn, meine Seele, und vergiss nicht, was er dir Gutes getan hat...*" ein andermal (Psalm 103,1) und „*Sei nun zufrieden, meine Seele...*" ein drittes Mal (Psalm 116,7).

In der Begleitung von Menschen spüre ich manchmal, wie der Kontakt mit der eigenen Seele gerissen ist. Ich weiß nicht mehr, was meine Seele macht und wie es ihr geht. Mit der Seele im Dialog zu sein, das müsste uns gelingen, der Seele zuhören, achtsam für sie sein, annehmen und ernst nehmen, was sie zu sagen hat, prüfen, wie es ihr geht, besorgt sein, wenn sie leidet, und sich freuen, wenn sie lebendig ist.

Ja, ich kenne selbst die Erfahrung, dass meine Seele nicht mehr singt. Meist beginnt es damit, dass ihre Melodie leiser wird, verhaltener wird, kaum noch vernehmbar, dass sie zu krächzen anfängt und schließlich ganz verstummt. Dies geschieht immer dann, wenn ich ihr zu viel zugemutet habe, wenn sie überfordert ist, wenn zu viel Arbeit oder zu viel Leid oder zu viel Gewalt auf sie eingedrungen sind. Ich möchte immer besser darauf hören lernen. Ich will mir von ihr sagen lassen, was anders werden muss, damit ihr Lied wieder erklingen kann, voll und stark und schön:

Du meine Seele singe, wohlauf und singe schön
dem, welchem alle Dinge zu Dienst und Willen stehn.
Ich will den Herren droben hier preisen auf der Erd;
ich will ihn herzlich loben, solang ich leben werd.

„Gloria sei dir gesungen ..."

Wir haben in meiner jetzigen Heimatstadt in Augsburg einen außergewöhnlich schönen Friedhof. Viele Berühmtheiten haben auf diesem protestantischen Friedhof ihre letzte Ruhestätte gefunden: der große Renaissancebaumeister Elias Holl, die berühmten Augsburger Familien von Stetten und Schaezler, die Eltern von Bertolt Brecht, dem großen Sohn dieser Stadt. Ein ganzes Stück urbaner Geschichte spiegelt sich in dem Gottesacker wider, in den Denkmälern, in den Grabmonumenten und in den Inschriften, auch ein Stück Kirchengeschichte und Kulturgeschichte.

Mitten auf dem Friedhof steht eine wunderschöne Jugendstilkirche. Vorne, an der Stirnseite, befindet sich die Kanzel. Hier stehe ich, wenn ich einen Trauergottesdienst leite. Von hier aus begrüße ich die Angehörigen, die Freundinnen und Freunde, hier spreche ich die Gebete, hier halte ich die Ansprache. Vor der Kanzel steht der Sarg, meist mit einem großen Blumengebinde, Kerzen zur Linken und zur Rechten.

Am Ende der Trauerfeier öffnen sich die Kirchentüren und der Sarg verlässt langsam das Gotteshaus. „*Der Herr behüte unseren Ausgang und Eingang, von nun an bis in Ewigkeit*", sage ich und mache ein Kreuzzeichen. Ausgang und Eingang – wieder in dieser Reihenfolge. Und dann erklingt, so jedenfalls wünschen es sich Menschen immer wieder und so habe ich es schon des Öfteren erlebt, nicht eine Trauermelodie, sondern ein Glorialied:

Gloria sei dir gesungen, mit Menschen und mit Engelzungen,
mit Harfen und mit Zimbeln schön.

Von zwölf Perlen sind die Tore an deiner Stadt;
Wir stehn im Chore der Engel hoch um deinen Thron.
Kein Aug hat je gespürt, kein Ohr hat mehr gehört solche Freude.
Des jauchzen wir und singen dir das Halleluja für und für.

Es geht mir durch und durch, ein Gloria im Angesicht von Tod und Leid, die Bilder des himmlischen Jerusalems aus dem 21. Kapitel der Offenbarung. *„Von zwölf Perlen sind die Tore..."*, eine Stadt, die Stadt Gottes, erlöst und voller Schönheit. Pfarrer Philipp Nicolai (1556–1608) hat dieses Lied im Jahr 1599 geschrieben und komponiert. Es gehört zu seinem *„Freudenspiegel des ewigen Lebens"*, den er nach der Pestkatastrophe von Unna verfasst hat. *„Gloria sei dir gesungen..."*: ein einziger Gesang, ein einziger großer Gesang. So wünsche ich es auch für mich. So soll es auch einmal bei mir sein.

„Abide with me..."

Dann habe ich noch einen musikalischen Wunsch. Es gibt ein Lied, einen Gospelsong aus der amerikanischen Erweckungsbewegung, weich und voller Gefühl, eine Art Gegenstück zu unserem deutschen *„So nimm denn meine Hände..."*.
In der kleinen Gemeinde auf Long Island vor den Toren New Yorks, in der ich Anfang der 70er Jahre eine Zeitlang aushelfen durfte, gab es an den Sonntagnachmittagen ein *„Hymn Singing"*. Wer immer Zeit und Lust hatte, traf sich zwei Stunden lang im Gemeindesaal zum Singen. Mit Chorälen begann es, dann folgten Volkslieder, Spirituals und Gospelsongs. Ein älterer Herr begleitete uns auf einem leicht verstimmten Klavier. Das alles war nicht konzertreif, aber alle waren voll bei der Sache und wir hatten viel Freude daran.
„Abide with me...": Zunächst einmal ist das ein Abend-

lied, zu singen am Abend eines Tages, zu singen am Abend eines Lebens. Es gibt ein hinreißende Aufnahme mit der schwarzen Sängerin Mahalia Jackson. Wir haben diese Aufnahme auf einer alten Schallplatte und hören sie – inzwischen eine Familientradition – immer am Tag vor dem Heiligen Abend, wenn wir den Christbaum schmücken.

Dieses Lied soll bei meinem Ausklang erklingen: *„Herr bleibe bei mir, der Abend kommt so schnell herein. Es wird immer dunkler, bleibe doch bei mir. Wenn niemand mehr da ist, der mir hilft, und wenn es keinen Trost mehr gibt, du Helfer der Hilflosen, bitte bleibe dann bei mir":*

Abide with me; fast falls the eventide;
The darkness deepens, Lord, with me abide;
When other helpers fail, and comfort flee,
Help of the helpness, please abide with me ...

„Habe deine Lust an Gott ..."

Zu einer christlichen Trauerfeier gehört ein Bibelwort. Ich möchte noch einmal meinen Konfirmationsspruch hören. (Ja, ich weiß, das klingt jetzt eigenartig, aber ich lasse es einfach einmal so stehen.) Wunderbarerweise kommt mir dieses Wort aus dem 37. Psalm heute, da ich diese letzten Zeilen meines Buches schreibe, als Bibelwort aus meinen Herrnhuter Losungen entgegen: *„Habe deine Lust an Gott, der wird dir geben, was dein Herz wünscht."*

Ich habe, ich sagte es schon, diesen Psalmvers immer sehr geliebt. Es passt zu meinem Glauben, den ich bei all dem Leid, dem ich immer wieder begegnet bin, stets als ein sehr freundliches und festliches und froh machendes Geschenk erlebt habe. Es passt auch zu all den biblischen Bildern, die von der Ganzheit und von der Fülle des Lebens sprechen. Da wartet ein Bräutigam auf seine Braut. Da sieht man eine Hochzeitsgesellschaft in ausgelassener Feier. Da ist von einer Quelle lebendigen Wassers die Rede, klar und erfrischend. Ein Lebensbaum wird uns vor Augen gemalt, voller Saft und Grünkraft. Oder ein Weinberg mit dem kühnen Bild: *"Ich bin der Weinstock, ihr seid die Reben"* (Johannes 15,5).

Ich erkenne den Mann aus Nazareth in diesen Bildern, den Künder des Unmöglichen, der so leidenschaftlich lieben konnte. Ich sehe ihn, wie er Hungrige speist, wie er sich zu Kranken herabbeugt, wie er Kinder zu sich ruft, sie herzt und küsst und segnet, wie er einer Ehebrecherin vergibt, die von den Männern schon zum Lynchmord freigegeben war, wie er sich bei einem Zollbetrüger zum Abendessen einlädt. Der Tisch des Lebens ist gedeckt, sagt er in tausend Worten, und daran ist Platz für alle. Er, Jesus, ist ein einziges großes Versprechen. Ich werde immer meine Lust an ihm haben.

So viele Wünsche sind in Erfüllung gegangen. Und so vieles steht noch aus. Ich schlage die Zeitung auf, ich höre die Rundfunkmeldungen. Ich sehe die Nachrichten im Fernsehen. So viel Hunger, so viele Tränen, so viel Gewalt. So vieles steht noch aus. Deswegen soll mich mein Konfirmationsspruch auch in die Ewigkeit begleiten: *"Habe deine Lust an Gott, der wird dir geben, was dein Herz wünscht."*

„Ausgang und Eingang ..."

"Ausgang und Eingang, Anfang und Ende, liegen bei dir, Gott, füll du uns die Hände." Oft, unendlich oft, habe ich diese Melodie gesungen, am liebsten mit anderen, am liebsten als Kanon. Oft haben wir diesen Kanon auch getanzt. Zum Abschluss eines Seminars zum Beispiel. Ein ganzes langes Wochenende lang hatten wir uns mit einem Thema beschäftigt, in einem Tagungshaus, das uns gastfreundlich aufgenommen hatte.

Wir hatten miteinander geredet und miteinander geschwiegen, hatten gelacht und geweint, gearbeitet und gefeiert, gestritten und gespielt, hatten von der Freundlichkeit Gottes gehört und versucht, dieses große Ja in kleine Münze zu übersetzen und füreinander erfahrbar zu machen. „*Ein Engel geht jetzt durch den Raum*", nannte ich es manchmal, wenn es geglückt war.

Zum Abschluss waren wir in die Kapelle gegangen. Unsere Bilder schmückten jetzt den Altar.

Teelichter entzündeten wir und dachten an unseren Nächsten in der Nähe und in der Ferne. „*Hilf doch*", riefen wir Gott an und „*vergiss doch nicht*" und „*Kyrie eleison, erbarme dich*" und oft genug auch „*danke, du bist nicht stumm geblieben*". Manchmal versagten auch die Worte. Nur die kleine Kerze auf dem Altar brannte und sprach mit Gott.

Zum Schluss bildeten wir einen Kreis um den Altar. Und dann der Kanon in einem Wiegetanz. Schritt, Schritt, Wiegeschritt. „*Ausgang und Eingang, Anfang und Ende, liegen bei dir, Gott, füll du uns die Hände.*" Schritt, Schritt, Wiegeschritt.

Wenn ich ganz vermessen sein darf und wenn ich es ganz kess ausdrücken darf – warum sollte dies nicht auch bei meinem Ausgang möglich sein? Warum nicht ein Tänzchen wagen gegen den Tod und die Macht des Todes? Er soll uns das Leben nicht verdunkeln. Selbst am Abend wird es licht sein.

Literaturhinweise

„Abide With Me...", aus: Pilgrim Hymnal, 17. Auflage, Philadelphia 1958, Nr. 209

Aktion Sühnezeichen/Friedensdienste (Hrsg.): Helmut Gollwitzer. Die Nacht wird nicht ewig dauern. Hoffnungstexte, 2. Auflage, Berlin 1989

von Albert, Wihelmina u.a: Die Deutsche Geschichte. Band 2, 1348–1755, Augsburg 2001

Ariès, Philip: Geschichte des Todes, München 1980

Allert-Wybranietz, Kristiane: Trotz alledem. Verschenktexte, 20. Auflage, Stuttgart 1984

Beck, Rainer (Hrsg.): Der Tod. Ein Lesebuch von den letzten Dingen, München 1995

Bierlein, Karl Heinz: Lebensbilanz. Krisen des Älterwerden meistern – kreativ auf das Leben zurückblicken – Zukunftspotentiale ausschöpfen, München 1994

Brecht, Bertolt: Die Gedichte von Bertolt Brecht in einem Band, Frankfurt 1981

Bruners, Wilhelm: Verabschiede die Nacht, Düsseldorf 1999

Bubmann, Peter: Himmelsklang und Lebenston. Von der Macht der Musik über unser Leben. In: Evangelische Akademie Baden (Hrsg.): Einstimmung ins Heilige. Die religiöse Macht der Musik, Karlsruhe 2002

Colli, Giorgio/Montanari, Mazzino (Hrsg.): Friedrich Nietzsche, Sämtliche Werke. Kritische Studienausgabe in 15 Einzelbänden, Band 11, Nachgelassene Fragmente 1884–1885, München 1988

Condrau, Gion: Der Mensch und sein Tod. certa moriendi conditio, Zürich 1991

Dalichow, Irene: Das Westliche Totenbuch. Wege zu Abschied, Bestattung, Trauer und dem Danach, München 2001

Drolshagen, Christoph (Hrsg.): Lexikon Hospiz, Gütersloh 2003

Dürckheim, Karlfried, Graf: Hara. Die Erdmitte des Menschen, 6. Auflage, Weilheim 1973

Dürckheim, Karlfried, Graf: Übung des Leibes auf dem inneren Weg, München 1978

Dürrenmatt, Friedrich: Nächtliches Gespräch mit einem verachteten Menschen, © 1986 Diogenes Verlag AG, Zürich

Eccles, John C.: Die Evolution des Gehirns – die Erschaffung des Selbst, 3. Auflage, Zürich 1999

Echtermeyer, Benno von Wiese (Hrsg.): Deutsche Gedichte. Von den Anfängen bis zur Gegenwart, Düsseldorf 1968

Erikson, Erik H.: Kindheit und Gesellschaft, 3. Auflage, Stuttgart 1998

Everding, Gustava/Westrich, Angelika (Hrsg.): Würdig leben bis zum letzten Augenblick. Idee und Praxis der Hospizbewegung, München 2000

Fried, Erich: Lebensschatten, © 1981, NA 1996, 2001 Verlag Klaus Wagenbach, Berlin

Garhammer, Erich: Am Tropf der Worte – Literarisch predigen, Paderborn 2000
Glaser, Hermann: Kleine Geschichte der modernen Weltliteratur, 3. Auflage, Frankfurt 1960
Gnädinger, Louise (Hrsg.): Angelus Silesius, Cherubinischer Wandersmann, Kritische Ausgabe, 1. Buch, Stuttgart 1984
Grigat, Rolf: Angst vor dem Tod? Leben mit dem Tod, AHAM-Zentrum, Schlossanger 3 84168 Aham o.J.
Guardini, Romano: Die Lebensalter. Ihre ethische und pädagogische Bedeutung, 3. Taschenbuchauflage, Mainz 1996
Hark, Helmut: Den Tod annehmen. Umgang mit dem Sterben als Chance der Reifung, München 1995
De Hennezel, Marie/Leloup, Jean Yves: Die Kunst des Sterbens. Der Tod und wie wir mit ihm umgehen können, Frankfurt 2002
Hinck, Walter: Stationen der deutschen Lyrik, Von Luther bis in die Gegenwart – 100 Gedichte mit Interpretationen, 2. Auflage, Göttingen 2001
Heymel, Michael: Trost für Hiob. Musikalische Seelsorge, München 1999
Hirsch, Ludwig: Komm großer schwarzer Vogel, © Edition Karl Schreibmaier Musikverlag & Management, Wien o.J.
Höfler, Anne: Leg mir die Hand auf. Praktische Anleitung zur Behandlung von Kindern mit Neurodermitits und anderen chronischen Erkrankungen, München 1995
Hume, Edgar Erskine: Medical Work of the Knights Hospitallers of St. John of Jerusalem, Baltimore 1940
Ignatius von Loyola: Geistliche Übungen. Übertragung und Erklärung von Adolf Haas, Freiburg 1967
Imhof, Arthur E.: „Sis humilis!" – Die Kunst des Lebens als Grundlage für ein besseres Sterben, Wien 1992
Jakobi, Jolande: Die Psychologie von C. G. Jung. Eine Einführung in das Gesamtwerk, mit einem Geleitwort von C. G. Jung, Olten 1978
Janosch erzählt Grimms Märchen. Vierundfünfzig ausgewählte Märchen neu erzählt für Kinder von heute. Mit farbigen Bildern von Janosch selbst, Weinheim 1996
Jungclausen, Emmanuel (Hrsg.): Aufrichtige Erzählungen eines russischen Pilgers. Die vollständige Ausgabe, 4. Auflage, Freiburg 1974
Kästner, Erich: Doktor Erich Kästners lyrische Hausapotheke, Zürich o.J.
Kaschnitz, Marie Luise: Gesammelte Werke in 7 Bänden, Band 5, Kein Zauberspruch, Frankfurt 1972
Kübler-Ross, Elisabeth: On Death and Dying. What the Dying Have to Teach Doctors, Nurses, Clergy and Their Own Families, Toronto 1969
Kuschel, Karl-Josef: Im Spiegel der Dichter. Mensch, Gott und Jesus in der Literatur des 20. Jahrhunderts, Düsseldorf 1997
Marti, Kurt: Der Traum, geboren zu sein. Ausgewählte Gedichte. © 2003 Nagel & Kimche im Carl Hanser Verlag, München/Wien
Mayer-Scheu, Josef/Kautzky, Rudolf (Hrsg.): Vom Behandeln zum Heilen. Die vergessene Dimension im Krankenhaus, Wien/Göttingen 1980

Metken, Sigrid (Hrsg.): Die letzte Reise. Sterben, Tod und Trauersitten in Oberbayern, München 1984

Mey, Reinhard: Starportrait, MC 455.025, Text und Musik Reinhard Mey, Chanson Editor R.. Mey, Berlin 1974

Mittag, Oskar: Gab mir mein Lachen, gab mir mein Weinen ... Ein Vater trauert um seinen Sohn, männerforum Nr. 18, 1998, S. 18f.

Naegeli, Sabine: Die Nacht ist voller Sterne. Gebete in dunklen Stunden, 5. Auflage, Freiburg 1990

Neher, Peter: Ars moriendi – Sterbebeistand durch Laien. Eine historisch-pastoralpsychologische Analyse, St. Ottilien 1989

Noll, Peter: Diktate über Sterben & Tod, München 1987

Nouwen, Henri: Die Gabe der Vollendung. Mit dem Sterben leben, 2. Auflage, Freiburg 1998

Raguse, Siegfried (Hrsg.): Was erwartet uns nach dem Tod? 24 Darstellungen von Religionen und Konfessionen, Gütersloh 1983

Reiners, Ludwig (Hrsg.): Der ewige Brunnen. Ein Hausbuch der deutschen Dichtung, 2. Auflage, München 1980

Richter, Horst-Eberhard: Wanderer zwischen den Fronten. Gedanken und Erinnerungen, Köln 2000

Rilke, Rainer Maria: Geschichten vom lieben Gott, München 1997

Rilke, Rainer Maria: Werke, Band I.1, Gedicht-Zyklen, 2. Auflage, Frankfurt 1982

Ruhe, Hans Georg: Methoden der Biografiearbeit. Lebensgeschichte und Lebensbilanz in Therapie, Altenhilfe und Erwachsenenbildung, Weinheim/Basel 1998

Saunders, Cicely: And From Sudden Death ..., in: Frontier Winter 1961

Schirrmacher, Frank: Das Methusalem Komplott, 11. Auflage, München 2004

Sill, Bernhard/Rauchalles, Renée: Die Kunst des Sterbens, Regensburg 2001

Smith, Rodney: Die innere Kunst des Lebens und Sterbens. Was wir von Sterbenden lernen können, Freiamt 1998

Sölle, Dorothee: fliegen lernen. Gedichte, Berlin 1980

Steffensky, Fulbert: Das Haus, das die Träume verwaltet, Würzburg 1998

Stoddard, Sandol: Die Hospiz-Bewegung. Ein anderer Umgang mit Sterbenden, Freiburg 1987

Tilmann, Klemens: Die Führung zur Meditation, 5. Auflage, Einsiedeln 1973

Wagner, Harald (Hrsg.): Ars moriendi. Erwägungen zur Kunst des Sterbens, Freiburg 1989

Weber-Gast, Ingrid: Weil du nicht geflohen bist vor meiner Angst. Ein Ehepaar durchlebt die Depression des einen Partners, Mainz 1978

Wiesenhütter, Eckart: Blick nach drüben. Selbsterfahrung im Sterben, Gütersloh 1976

Wils, Jean-Pierre (Hrsg.): Warum denn Theologie?, Tübingen 1996

Zucal, Silvano: La teologia della morte in Karl Rahner, Turin 1982

Trost für Sterbende –

Hilfe und Ermutigung für Helferinnen und Helfer

- Begleitbuch für die Hospizarbeit
- Gebete und Segensworte für Schwerkranke und Sterbende
- Rituale für die Sterbebegleitung
- Hilfreiche Texte für Helferinnen und Helfer
- Geeignet für beide Konfessionen

Dr. Brigitte Enzner-Probst
Heimkommen
Segensworte, Gebete und Rituale für die Kranken- und Sterbebegleitung
160 S., Pbck., 12 x 19,7 cm, div. Abb., ISBN 3-532-62301-3

Krankheit, Sterben und Tod drohen uns die Stimme zu verschlagen. Die Texte in diesem Buch überwinden die Sprachlosigkeit: Die einfühlsamen Gebete, behutsamen Trostworte, ermutigenden Rituale, ausdrucksvollen Symbole und Zuversicht spendenden Segensworte sind wertvolle Hilfen bei der Kranken- und Sterbebegleitung. Neben Texten, die mit Kranken und für Sterbende gesprochen werden können, bietet das Buch auch Gebete und Rituale, aus denen die Helfenden selbst Kraft schöpfen.

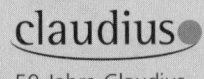

50 Jahre Claudius

www.claudius.de